DAS LEBEN IM ALTEN ÄGYPTEN

Gill Harvey
und Struan Reid

Illustrationen von Inklink Firenze,
Ian Jackson und Aziz Khan

Aus dem Englischen
von Claudia Gliemann
und Bettina Saalbach

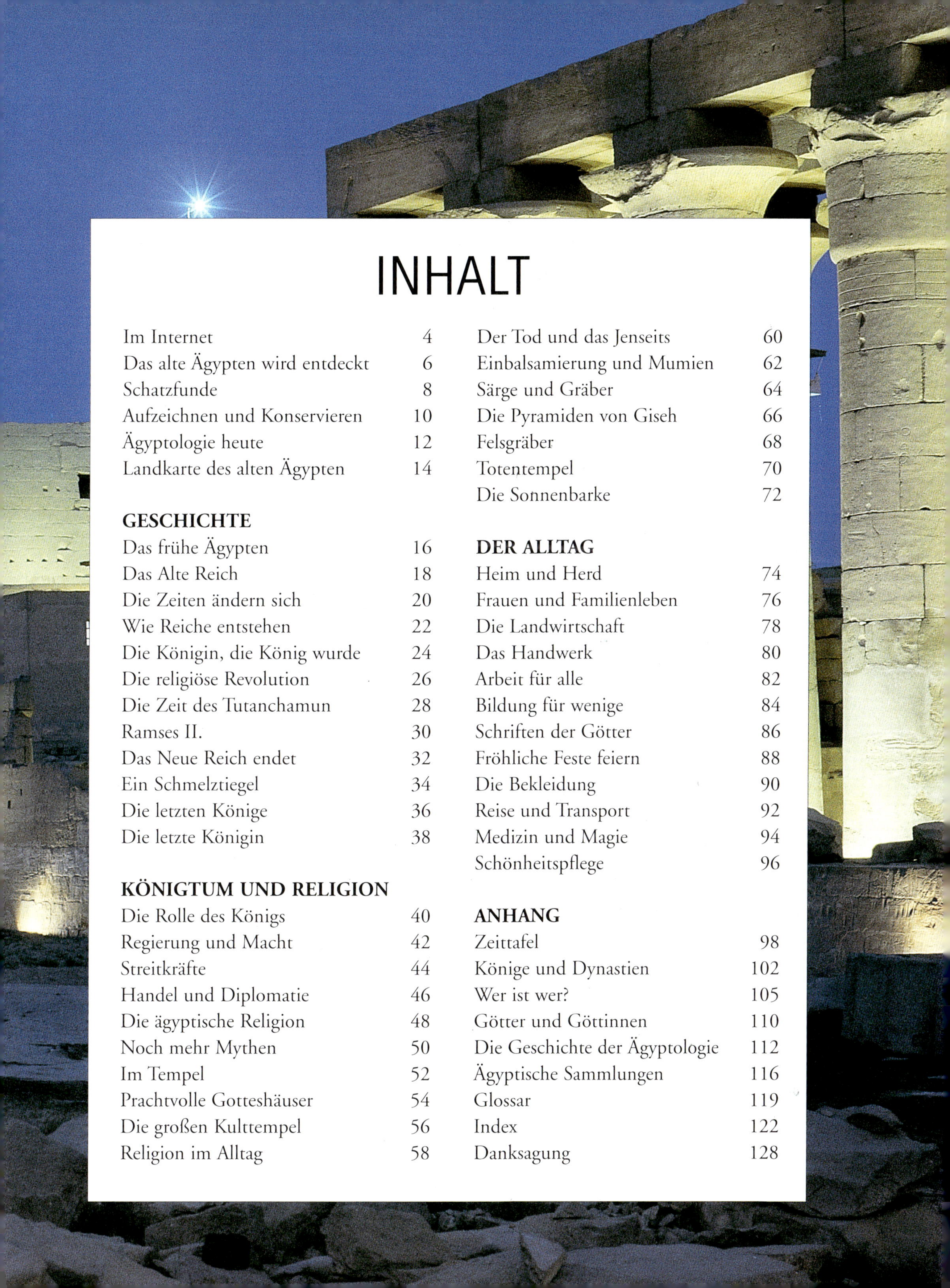

INHALT

IM INTERNET

In diesem Buch erfährst du viel Interessantes über das Leben im alten Ägypten. Wer noch mehr wissen will, kann sich zusätzliche Informationen aus dem Internet holen. Dort gibt es viele Webseiten mit Bildern von alten Tempeln und Gräbern. Man kann virtuelle Reisen durch Pyramiden unternehmen, Mumien erforschen oder sich im Schreiben von Hieroglyphen üben.

Die berühmte Totenmaske Tutanchamuns besteht aus Goldblech, das mit Karneol, Lapislazuli, Obsidian, Quarz und Glaspasten verziert ist.

WO FINDEST DU WAS?

- Wenn du **www.usborne-quicklinks.com** anwählst und das Stichwort **Ancient Egypt** eingibst, erreichst du über zahlreiche Links Webseiten zu allen denkbaren Themen aus dem Bereich „altes Ägypten".
- Unter **www.roemer-pelizaeus-museum.de** findest du eine prächtige Auswahl aus den Sammlungen des Museums in Hildesheim.
- **http://library.thinkquest.org/15924** ist die richtige Adresse, wenn du ein tolles Online-Museum zur ägyptischen Kultur besichtigen willst.
- Unter **www.uke.uni-hamburg.de/institute/imdm/idv/forschung/mumie** kannst du schrittweise eine Mumie enthüllen!
- **http://www.land-der-pharaonen.de** bietet zahlreiche reichhaltig bebilderte Informationen zum alten Ägypten. Viele weiterführende Links!
- **www.newton.cam.ac.uk/egypt/tt99/index.html** präsentiert eine Fülle von Informationen und interessanter Details aus dem Grab des Senneferi.
- Unter **www.cheops.org** findest du neueste Forschungsergebnisse zur Cheops-Pyramide.

SICHERHEIT IM INTERNET

Beim Surfen im Internet sind folgende Hinweise zu beachten:

- Bevor du dich im Internet einloggst, brauchst du immer die Erlaubnis deiner Eltern.
- Wenn du auf einer Webseite in einem Gästebuch oder einem schwarzen Brett Nachrichten hinterlässt, gib auf keinen Fall persönliche Informationen wie Namen, Adresse oder Telefonnummer an und frage einen Erwachsenen, bevor du deine E-Mail-Adresse nennst.
- Wenn du auf einer Webseite gebeten wirst dich mit Namen oder E-Mail-Adresse einzuloggen oder registrieren zu lassen, frage zuerst um Erlaubnis.
- Wenn du eine E-Mail von jemandem erhältst, den du nicht kennst, teile es einem Elternteil mit und beantworte die E-Mail auf keinen Fall.
- Versuche nie dich mit jemandem zu treffen, mit dem du dich im Internet unterhalten hast.

Alle in diesem Buch angegebenen Internetseiten wurden überprüft und als für Kinder geeignet angesehen. Dennoch kann der Verlag hierfür keine Gewähr übernehmen. Auch für die Korrektheit der Informationen der einzelnen Webseiten kann der Verlag nicht garantieren. Wir empfehlen Kinder während des Surfens im Internet zu beaufsichtigen und ihnen den Zugang zu Chatrooms nicht zu erlauben.

AKTUELLE WEBSEITEN

Die Links unter **www.usborne-quicklinks.com** (Stichwort „Ancient Egypt") werden regelmäßig geprüft und aktualisiert. Dennoch kann es vorkommen, dass beim Anklicken eine Meldung erscheint, die besagt, dass die Seite nicht verfügbar ist. Da es sich um eine kurzfristige Störung handeln kann, solltest du es später nochmals versuchen. Wenn eine der von uns empfohlenen Seiten gelöscht wird, bemühen wir uns sie durch eine andere zu ersetzen.

WAS DU BRAUCHST

Alle in diesem Buch genannten Internetseiten kannst du mit einem PC und einem Browser öffnen. Hier eine Liste der Dinge, die dafür notwendig sind:

- Ein PC mit Microsoft®-Windows®-98-Version oder ein Macintosh-Computer mit System 9.0 oder einer späteren Version.
- 64 MB RAM.
- Ein Browser wie der Microsoft® Internet Explorer 5 oder Netscape® 6 (oder eine spätere Version).
- Zugang zum Internet mit einem Modem oder einem schnelleren digitalen oder Kabelanschluss.
- Ein Konto bei einem Internet-Service-Provider (ISP).
- Eine Soundkarte.

ZUBEHÖR

Für manche Webseiten braucht man zusätzliche Programme, die man Plug-ins nennt. Damit kann man Sprache oder Musik hörbar machen und Videos, Animationen und 3-D-Bilder anschauen. Wenn du ohne das entsprechende Zubehör auf eine solche Webseite kommst, erscheint auf dem Monitor ein Hinweis.
Auf einer solchen Webseite findest du ein Dialogfeld, das du anklicken kannst, um das erforderliche Plug-in herunterzuladen Hier einige Plug-ins, die sich lohnen:

QUICKTIME®: Damit kannst du Videos ansehen. Quicktime ist eine Handelsmarke der Apple Computer GmbH.

REALPLAYER®: Ein Programm zum Abspielen von Videos und Musik, eingetragen unter RealNetworks GmbH in den USA und anderen Ländern.

SHOCKWAVE®: Damit kannst du Animationen und interaktive Programme abspielen. Handelsmarke ist die Macromedia GmbH, registriert in den USA und anderen Ländern.

COMPUTERVIREN

Ein Computervirus ist ein kleines Programm, das in der Lage ist, die Daten in deinem Computer zu zerstören. Ein solcher Virus kann z. B. in deinen Computer gelangen, wenn du dir Programme aus dem Internet herunterlädst oder Anhänge zu einer eingehenden E-Mail öffnest.

Gegen Computerviren muss man sich deshalb schützen. Antivirus-Software gibt es in Computerläden; man kann sie aber auch aus dem Internet herunterladen.

DAS ALTE ÄGYPTEN WIRD ENTDECKT

Der Niedergang der altägyptischen Kultur begann um das Jahr 30 v. Chr., als Ägypten Teil des Römischen Reiches wurde. Das Christentum hielt Einzug und all die Schätze, die im Wüstensand versunken waren, gerieten in Vergessenheit. Erst vor etwa 200 Jahren begannen europäische Forscher sich für die antiken Stätten zu interessieren.

Dies ist der Stein von Rosette. Die Briten beanspruchten ihn für sich, als sie Napoleon aus Ägypten vertrieben hatten. Bis heute befindet er sich im Britischen Museum in London.

FRÜHE AUFZEICHNUNGEN

Die Ägypter der Antike schrieben vieles nieder. Doch es ging ihnen nicht um die historische Wahrheit, sondern darum, ihre Götter und Könige zu preisen. So ließen sie vieles unerwähnt oder übertrieben anderes. Die erste eigentliche Geschichte Ägyptens stammt von dem Griechen Herodot, der auch „Vater der Geschichte" genannt wird. Er besuchte Ägypten etwa um 500 v. Chr. Da sich seine Niederschrift vor allem auf das gründet, was ihm die Menschen erzählten, finden wir in seinem Bericht mehr Legenden als Tatsachen.

Herodot

Später, während der Ptolemäischen Periode (siehe S. 37), beauftragte Ptolemäus II. einen Schreiber, der Manetho hieß, die Geschichte Ägyptens festzuhalten. Manetho unterteilte die Regierungszeiten in 30 Dynastien (Gruppen von Königen). Dieses System gilt bis heute.

DIE ERSTE SPUR

Für die europäischen Forscher des 18. Jahrhunderts war es schwer, in den antiken Monumenten einen Sinn zu erkennen. Sie konnten nicht feststellen, wer sie erbaut hatte, weil sie die Hieroglyphen, die ägyptische Bilderschrift, nicht lesen konnten. Im Jahre 1798 herrschte Krieg zwischen England und Frankreich. Auch in Ägypten wurde gekämpft. Der französische General Napoleon hatte eine Gruppe von Wissenschaftlern mitgebracht, die die alten Bauten studieren sollten. Doch dann waren es seine Soldaten, die die wichtigste Entdeckung machten: Nahe der Mittelmeerküste fanden sie an einem Ort namens Rosette eine schwarze Steinplatte. Auf ihr befanden sich drei verschiedene Texte, ein griechischer und zwei ägyptische. Die Wissenschaftler vermuteten, dass es sich um Übersetzungen ein und desselben Textes handelte. Hatten sie den Schlüssel zu den geheimnisvollen Hieroglyphen gefunden?

Die Pyramiden von Giseh, die seit tausenden von Jahren Besucher aus aller Welt anlocken.

DIE GEBURTSSTUNDE DER ÄGYPTOLOGIE

Tatsächlich wurde es mit Hilfe des Steins von Rosette möglich, die Hieroglyphen zu entziffern. Die meiste Arbeit leisteten dabei der Franzose Jean-François Champollion und der Engländer Thomas Young. Als die Menschen erst einmal Hieroglyphen lesen konnten, stieg das Interesse am antiken Ägypten schnell und ein neues Studienfach war geboren: die Ägyptologie.

Eine französische Münze, die an Jean-François Champollion und seine Forschungen zur Entzifferung der Hieroglyphen erinnert

DER GROSSE BELZONI

Die Jagd nach ägyptischen Schätzen führte zu Plünderungen und Raub. Abenteurer durchsuchten Gräber und Tempel und nahmen alles mit, was ihnen gefiel. Einer von ihnen war der mehr als zwei Meter große ehemalige Zirkusathlet Giovanni Battista Belzoni. Er grub die riesige Tempelanlage von Abu Simbel aus dem Sand und öffnete viele Pharaonengräber im Tal der Könige. In seiner großen Begeisterung richtete er erheblichen Schaden an. Doch er zerstörte nicht mehr als andere Abenteurer seiner Zeit.

AUGUSTE MARIETTE

Mitte des 19. Jahrhunderts zog Ägypten mehr und mehr Neugierige an. Einer von ihnen war der Franzose Auguste Mariette. Ohne behördliche Genehmigung begann er in Sakkara zu graben und stieß bald auf eine riesige, unterirdische Grabstätte, die als *Serapeum* bekannt wurde.

Damit begann Mariettes steile Karriere als Ägyptologe. Im Laufe der Jahre leitete er verschiedene wichtige Ausgrabungen und gründete das Ägyptische Museum in Kairo. Damit verblieben von nun an die meisten Funde in Ägypten, wohin sie auch gehörten, und wurden nicht mehr in europäische Länder verschifft.

DER MANN IN ROSA UNTERWÄSCHE

Mariette war weniger rücksichtslos als Belzoni. Doch erst im späten 19. Jahrhundert wurden vorsichtigere Ausgrabungsmethoden eingeführt. Dies war dem exzentrischen Engländer William Flinders Petrie zu verdanken, der bei der Arbeit oft nur seine rosa Unterwäsche trug, um nicht zu sehr ins Schwitzen zu geraten. Petrie entwickelte eine detaillierte und disziplinierte Arbeitsmethode. Er sah, dass man aus kleinen Gegenständen und Tonscherben genauso viel lernen konnte wie aus großen Denkmälern. Er katalogisierte exakt all seine Funde. Es gelang ihm, einen Teil des Geheimnisses zu lüften, das die Frühgeschichte Ägyptens umgab, indem er tausende von Töpfen und anderen Funden miteinander verglich.

Flinders Petrie, dessen Werk noch heute von Ägyptologen aus aller Welt hoch geachtet wird

Belzonis Arbeiter bauen in Luxor eine Statue ab, die nach England verschifft wird.

SCHATZFUNDE

Anfang des 20. Jahrhunderts wandelten viele Ägyptologen auf Belzonis Pfaden und waren im Tal der Könige auf der Jagd nach Mumien und Schätzen. Doch alle Gräber, die sie fanden, waren schon in der Antike geplündert worden. Daher war man der Überzeugung, dass es nichts mehr zu entdecken gab. Nur ein Mann war nicht dieser Ansicht …

Eine von Tutanchamuns reich verzierten Halsketten

DAS FEHLENDE GRAB

Die Ägyptologie hatte herausgefunden, welche Pharaonen im Tal der Könige bestattet worden waren. Alle großen Könige hatte man inzwischen gefunden, doch einer fehlte noch: der Kindkönig Tutanchamun (siehe S. 28). Der britische Ägyptologe Howard Carter war entschlossen sein Grab zu finden. Im Jahre 1917 begann er mit der Suche, unterstützt von einem reichen Gönner, Lord Carnarvon. Vier Jahre lang blieb er erfolglos und die ägyptischen Behörden forderten ihn auf die Grabungen zu beenden. Carter bat um die Genehmigung für ein weiteres Jahr.

WUNDERBARE DINGE

Im November 1922 wurden die Grabungsarbeiten wieder aufgenommen. Carter beschloss einige Behausungen von Arbeitern des antiken Ägypten zu versetzen und stieß beinahe sofort auf eine Treppe, die in ein Grab hinabführte. War das möglich? Hatte er endlich Erfolg? Aufgeregt sandte Carter ein Telegramm an Lord Carnarvon: *Habe im Tal endlich eine wundervolle Entdeckung gemacht. Großartiges Grab mit intakten Siegeln. Bewahre sie bis zu Ihrer Ankunft. Gratulation!* Am 25. November 1922 stand Lord Carnarvon unruhig wartend dabei, als Howard Carter vorsichtig ein Loch in die verbarrikadierte Tür schlagen ließ … und in die Grabkammer hineinschaute. „Können Sie etwas sehen?", rief Lord Carnarvon ungeduldig. Howard Carter antwortete: „Ja, wunderbare Dinge."

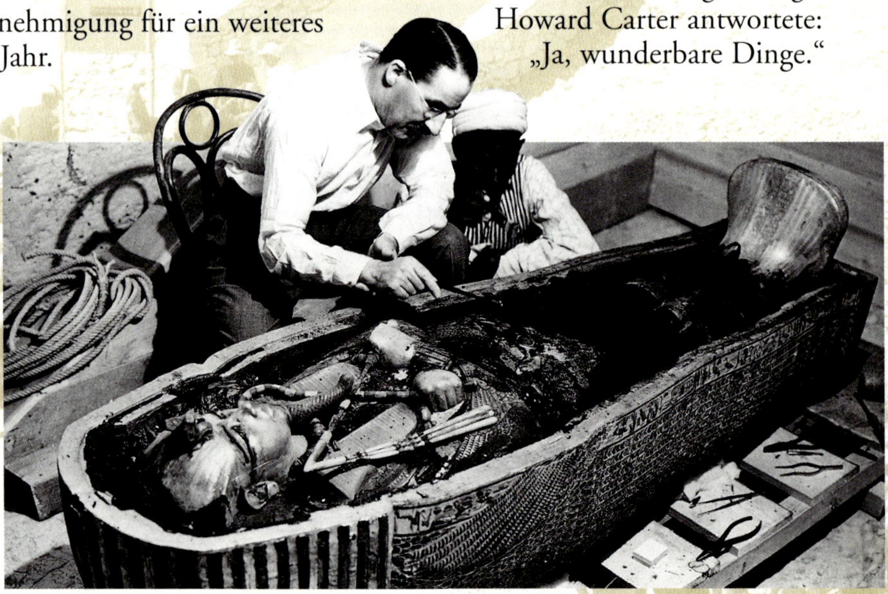

Howard Carter beginnt den Sarg des Tutanchamun behutsam zu reinigen.

EINE GEDULDSPROBE

Der erste Raum war voller Gegenstände wie Streitwagen, Statuen, Stühle und Kisten, die aufgestapelt übereinander lagen. An einer Seite befand sich eine zweite, versiegelte Tür, die von zwei Statuen bewacht wurde. Sollte der Kindkönig dahinter bestattet worden sein? Das ganze Team platzte beinahe vor Neugier, doch Carter behielt die Ruhe. Zunächst ließ er die erste Kammer leer räumen und eine detaillierte Liste von allen Fundstücken anlegen. Erst im Februar 1923 öffnete er die Tür zur zweiten Kammer. Was er dort fand, war wirklich Atem beraubend: vier hölzerne Schreine, mit Gold überzogen, umhüllten einen Sarkophag aus Stein. Dahinter fand sich eine weitere Kammer, angefüllt mit den wertvollsten Dingen. Noch immer legte Carter eine nahezu unglaubliche Geduld an den Tag. Es dauerte weitere drei Jahre, ehe er den Sarkophag öffnete und in ihm drei ineinander gesetzte Särge fand. Die ersten beiden waren aus vergoldetem Holz, der dritte jedoch aus purem Gold, mit den wertvollsten Edelsteinen besetzt. In ihm lag die Mumie. Ihr Gesicht bedeckte die herrliche Goldmaske, die man überall auf der Welt kennt.

Dieser Anhänger in Form eines Skarabäus ist mit Lapislazuli, Karneolen und Türkisen besetzt.

Unter den Schätzen im Grab befand sich auch dieses Bettgestell aus zwei goldenen Kühen.

EIN FLUCH DER PHARAONEN?

Kurz nach Öffnung der Grabkammer erkrankte Lord Carnarvon an Lungenentzündung und starb am 5. April 1923 in Kairo. Da der Sarkophag noch nicht geöffnet worden war, hatte er keine Gelegenheit gehabt, Tutanchamuns herrlichen Goldsarg oder seine Goldmaske zu sehen. Einige Zeitungen berichteten, dass er wegen eines Fluches gestorben sei, der alle träfe, die die Totenruhe der Mumie störten. So eine Geschichte glaubten die Menschen gern, deshalb verbreitete sie sich wie ein Lauffeuer. Doch den meisten Mitgliedern des Ausgrabungsteams, Carter eingeschlossen, passierte nicht das Geringste.

Als Lord Carnarvon starb, hatte man die berühmte Goldmaske des Tutanchamun noch nicht gefunden.

AUFZEICHNEN UND KONSERVIEREN

Die Ägyptologie beschäftigt sich nicht nur mit neuen Funden. Viele Gräber, Bauten und Gegenstände könnten für immer aus der Erinnerung verschwinden, wenn sie nicht ordentlich katalogisiert und aufbewahrt werden. Diese Arbeit reicht von der Erstellung einer exakten Kopie einer kleinen Inschrift bis zum Umsetzen ganzer Bauten. Viele Ägyptologen glauben heute, dass dies wesentlich wichtiger ist, als neue Ausgrabungen zu machen.

Ein Steinmetz bei Restaurierungsarbeiten in Sakkara

FRÜHE AUFZEICHNUNGEN

Dieses Gemälde von David Roberts aus dem 19. Jahrhundert zeigt die im Sand versunkene Tempelanlage Ramses' II. in Abu Simbel.

Aufzeichnungen zu machen ist bestimmt nicht so spannend wie Ausgrabungsarbeit. Doch wenn die frühen Forscher ihre Funde ordentlich aufgelistet hätten, wären wahrscheinlich viele noch ungelöste Rätsel längst geklärt.
Doch manche Aufzeichnungen wurden auch schon Anfang des 19. Jahrhunderts gemacht. David Roberts, ein schottischer Maler, fertigte sorgfältig eine Reihe von Ölgemälden an, der Deutsche Karl Lepsius zeichnete eine genaue Karte mit allen wichtigen Fundorten.

MODERNE BERUFE

Außer den Menschen, die die Grabungsarbeiten ausführen, gibt es in der Welt der Ägyptologie auch noch Personen, die sich auf das Studium, die Rekonstruktion und das Katalogisieren von Gegenständen wie Tontöpfen, Särgen und antiken Schriften spezialisiert haben. Es gibt Kartenzeichner, die Pläne von antiken Orten erstellen, Restauratoren, die sich um die Konservierung von brüchigem Papier und zerbrechlichen Gegenständen kümmern sowie Wissenschaftler verschiedenster Bereiche, die mit moderner Technologie antike Objekte untersuchen und zeitlich einordnen.

VOR KÄFERN GERETTET

An der Konservierung wird nicht nur in Ägypten gearbeitet. Im Jahre 1976 schickten die ägyptischen Behörden eine große Ausstellung nach Paris in Frankreich. Das wichtigste Exponat war die Mumie von Ramses II., der für die Einreise nach Frankreich ein eigener Reisepass ausgestellt wurde. Als man feststellte, dass die Mumie von Käfern befallen war, boten französische Wissenschaftler ihre Hilfe an und retteten die Mumie.

Die Mumie von Ramses II. befindet sich wieder in Kairo.

RETTUNGSAKTION IN DER WÜSTE

In den 60er Jahren des 20. Jahrhunderts fand im Süden Ägyptens eine der größten Rettungsaktionen aller Zeiten statt. Damit das ganze Jahr hindurch Getreide angebaut werden konnte, wurde ein riesiger Damm gebaut, mit dem der Nil aufgestaut werden sollte. Das bedeutete, dass alle antiken Stätten dieser Gegend überflutet worden wären, darunter auch die Tempelanlage von Ramses II. in Abu Simbel.
Natürlich wollte die ägyptische Regierung so viele Monumente wie möglich retten. Für die Tempelanlage bestand die einzige Lösung darin, sie komplett umzusetzen. Im Jahre 1964 wurde mit dem beispiellosen Projekt begonnen. Es dauerte vier Jahre, bis die Tempel abgebaut, in Blöcke geschnitten und 60 Meter weiter bergauf – und damit in Sicherheit vor den Wasserfluten – wieder aufgebaut waren.

Der Ramses-Tempel wurde in 1036 Blöcke zerlegt, von denen jeder zwischen sieben und 30 Tonnen wog.

Restauratoren bearbeiten die Schnittstellen der Steinblöcke, damit sie nicht mehr zu sehen sind.

DIE ARBEIT GEHT WEITER

Es ist nicht einfach, die ägyptischen Kulturstätten zu schützen. Besonders die den Touristen zugänglichen Orte sind gefährdet – zum Beispiel durch die Feuchtigkeit in Atem und Haut – und es fehlt oft an Zeit und Geld, alle Stätten wirksam zu schützen. Am meisten leisten in diesem Bereich der Egyptian Supreme Council of Antiquities und Ägyptologen aus aller Welt.

Abu Simbel – heute eine große Touristenattraktion

ÄGYPTOLOGIE HEUTE

Die Ägyptologen sind so beschäftigt wie eh und je. Sie rechnen nicht damit, noch einmal ein Grab wie das des Tutanchamun zu finden, doch noch immer stoßen sie auf neue Informationen über das Leben im alten Ägypten.

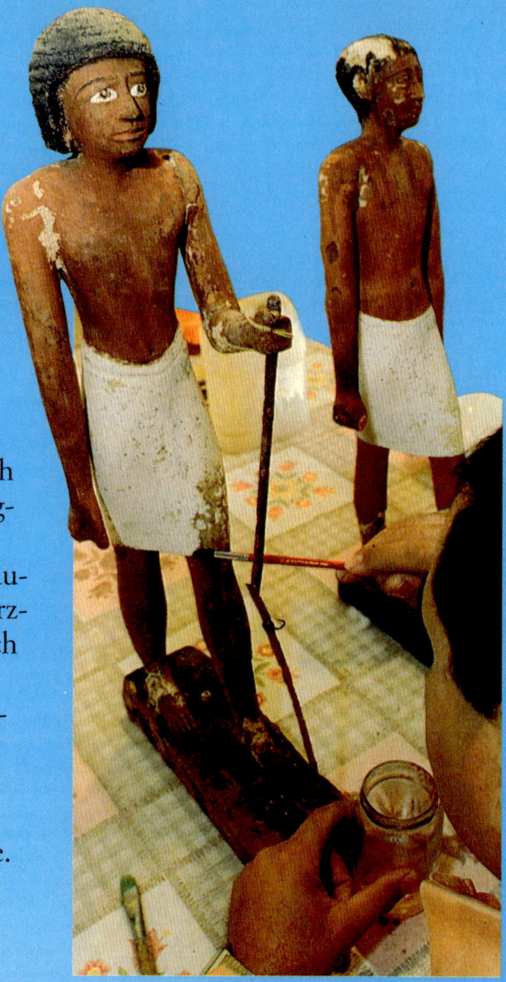

Ein Restaurator bei der Arbeit an der Holzfigur eines Beamten, die 1999 in der Nähe der Pyramiden von Sakkara gefunden wurde.

WAS TUT SICH?

Die wichtigste Jahreszeit für Ägyptologen ist die Zeit zwischen Herbst und Frühling, wenn die Temperaturen erträglich sind. Dann arbeiten Ägyptologen der verschiedensten Sparten vor Ort. Eine gute Möglichkeit, mehr über ihre Tätigkeit zu erfahren, bietet das Internet. Viele Forscher sind nicht darauf aus, neue Schätze zu finden, sondern katalogisieren bereits existierende Ausgrabungen oder versuchen neue Theorien darüber aufzustellen, warum Geschehnisse sich gerade so und nicht anders ereignet haben. Ein Großteil ihrer Arbeit besteht auch in der Restauration (siehe S. 10–11). Erst kürzlich wurde ein Projekt erfolgreich beendet, bei dem das Grab der Königin Nefertari, das am Westufer des Nil bei Luxor liegt und durch das Salzwasser schwere Schäden davongetragen hatte, wiederhergestellt werden konnte.

In Sakkara werden noch immer Ausgrabungen gemacht. Hier sieht man ein Team im Jahre 2001 bei der Arbeit an einem kürzlich entdeckten Grab.

MODERNE TECHNOLOGIE

Die großen technologischen Fortschritte haben bei der Analyse ägyptologischer Fundobjekte zu völlig neuen Interpretationen geführt.
Mit Hilfe von Scannern kann man Mumien untersuchen, ohne sie zu beschädigen. Die DNA-Analyse sagt uns vieles über verwandtschaftliche Beziehungen und die Krankheiten der Menschen (siehe S. 63).
Mit Computern können Ägyptologen zerstörte Bauten wieder auferstehen lassen, selbst wenn nur noch kleinste Fragmente von ihnen gefunden wurden.

EIN ESEL ALS HELFER

Im Jahre 1997 trat ein Esel bei El-Bawati in der westlichen Wüste mit einem Huf in ein Loch und stürzte. Seinem Reiter kam dieses Loch merkwürdig vor und er meldete den Vorfall den Behörden. Im März 1999 begannen die Ausgrabungen. Dabei wurde ein riesiger Grabkomplex freigelegt, in dem hunderte von Mumien lagen. Der Ort erhielt den Namen „Tal der Goldenen Mumien".

Die meisten Mumien waren sehr gut erhalten und konnten zeitlich in die nachgriechische Periode eingeordnet werden (siehe S. 37). Manche von ihnen lagen in Särgen, andere waren nur in Stoffbahnen gewickelt. Viele waren mit Gold und anderen Edelmetallen reich geschmückt.

Eine der goldenen Mumien von El-Bawati blickt aus dem geöffneten Grab in den Himmel.

IM MEER VERSUNKEN

Mit modernen Sonar- und Tauchausrüstungen ergaben sich für Unterwasser-Ausgrabungen viele neue Möglichkeiten. Besonders in den vergangenen Jahren haben Taucher in der Bucht von Abukir, in der Nähe des antiken Alexandria, aufregende Entdeckungen gemacht, darunter einen Palast, der wahrscheinlich der berühmten Königin Kleopatra VII. gehört hat. Im Juni 2000 wurden zwei versunkene Städte, Heraklion und Kanopos, entdeckt. Die Ägyptologen sind sicher, dass unter den dicken Schlammschichten noch viele andere Geheimnisse verborgen sind.

DIE ARBEIT GEHT WEITER

Im Folgenden sind einige der wichtigsten Entdeckungen und Projekte in Ägypten während der vergangenen zehn Jahre aufgeführt. Nicht alle sind abgeschlossen, an manchen wird noch immer gearbeitet.

- In Giseh werden Bäckereien und Tempel von Pyramidenarbeitern gefunden.
- Einige der frühesten Inschriften der Welt sowie einige Schiffe aus der Zeit der 1. Dynastie werden bei Abydos entdeckt.
- Im Tal der Könige wird ein weiteres Grab (KV5) freigelegt.
- Nach und nach wird die antike Stadt Memphis ausgegraben.
- In Tell el-Amarna (Achetaton), der Hauptstadt Echnatons, wird ein Arbeiterdorf entdeckt.
- Im Tal der Könige beginnt die Suche nach Mitgliedern der Familie Echnatons.
- Der Tempel der Hatschepsut in Deir el-Bahari wird in mühevoller Kleinarbeit zusammengesetzt.

Ein Taucher findet in der Bucht von Abukir einen antiken Sphinx.

LANDKARTE DES ALTEN ÄGYPTEN

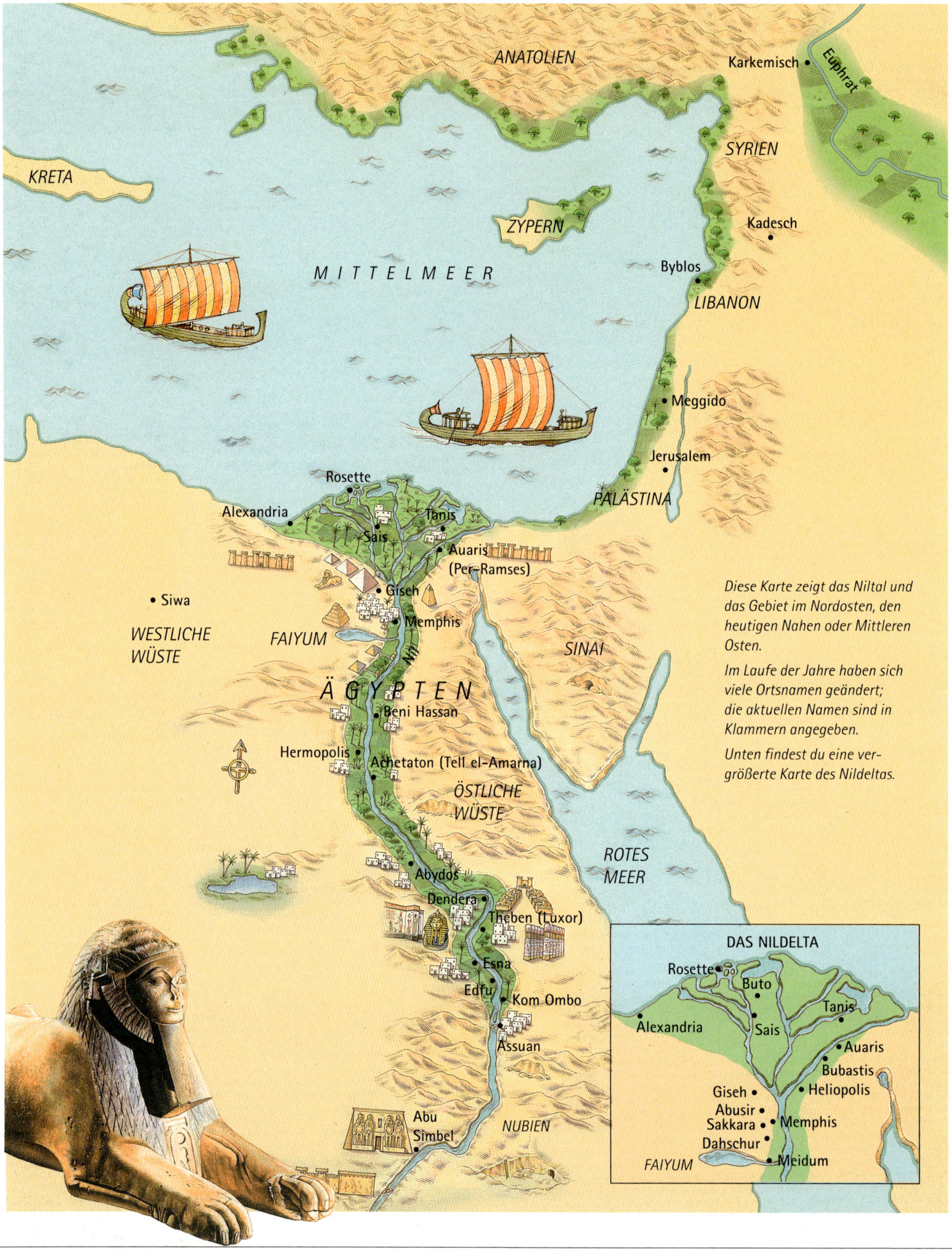

Diese Karte zeigt das Niltal und das Gebiet im Nordosten, den heutigen Nahen oder Mittleren Osten.

Im Laufe der Jahre haben sich viele Ortsnamen geändert; die aktuellen Namen sind in Klammern angegeben.

Unten findest du eine vergrößerte Karte des Nildeltas.

GESCHICHTE

DAS FRÜHE ÄGYPTEN

Der Nil, der sich durch die Wüste bis zum Meer schlängelt, lockte schon vor tausenden von Jahren die Menschen an seine Ufer. In der Frühzeit zogen diese im Land umher und ernährten sich von der Jagd und dem Sammeln von Essbarem. Erst um etwa 5500 v. Chr. begannen die Menschen sich entlang den Ufern des Nil anzusiedeln und Getreide anzubauen.

VOR DEN DYNASTIEN

Bis zum Jahre 3500 v. Chr. veränderte sich das Leben kaum. Diese Zeit wird als vordynastische Periode bezeichnet. Die Menschen bebauten das Land am Nil und begannen Kanäle zu ziehen, um das Wasser wirkungsvoller nutzen zu können. Sie hielten auch Tiere, hauptsächlich Schafe, Ziegen und Schweine.

Es gab zwei große Ballungsräume, einen im Süden (Oberägypten) und einen im Norden (Unterägypten). Diese entwickelten sich im Laufe der Zeit zu Königreichen (wurden also von Königen regiert). In Oberägypten fand man frühe Gräber aus Lehmziegeln, so genannte Mastabas, die wunderschöne Töpfe und andere Objekte enthielten. Sie deuten auf eine hoch entwickelte Kultur und eine Religion hin, in der man an ein Leben nach dem Tode glaubte.

Diese vordynastische Tänzerin aus Terrakotta ist fast 6000 Jahre alt.

Diese vordynastische Schale ist mit einem Nil-Krokodil verziert.

Kopien von Tafeln aus Elfenbein, die in Abydos gefunden wurden – Beispiele für die älteste Schrift der Welt

DIE SCHRIFT ENTSTEHT

In Ägypten wurde mit dem Schreiben früher begonnen als irgendwo sonst auf der Welt. Das wissen wir durch einige Inschriften aus vordynastischer Zeit, die erst kürzlich in Abydos (einer Stadt in Mittelägypten) gefunden wurden. Die ägyptische Schrift drückte sich in Bildern oder Hieroglyphen aus. Auf den Seiten 86–87 findest du mehr zu diesem Thema.

ZWEI KRONEN

Jeder der beiden Könige von Unter- und Oberägypten hatte eigene Götter und Kronen. Der König des Südens stand unter dem Schutz der Geiergöttin Nechbet und trug eine hohe weiße Krone. Der König von Unterägypten trug eine rote Krone und wurde von der Kobragöttin Wadjet beschützt.

Die weiße Krone Oberägyptens

Die rote Krone Unterägyptens

Spätere Könige trugen eine Krone, die aus beiden Kronen zusammengesetzt war.

DER ERSTE KÖNIG

Um das Jahr 3100 v. Chr. scheint Oberägypten in einem Krieg Unterägypten besiegt zu haben. Damit waren die beiden Reiche zum ersten Mal vereint. Der Herrscher, der als König den Thron bestieg, ist nebulös geblieben, denn in den Aufzeichnungen tauchen drei verschiedene Namen auf: Menes, Narmer und Aha. Das kann daran liegen, dass viele Könige mehrere Namen hatten, doch es ist auch denkbar, dass Aha Narmers Sohn war. Wie auch immer, die Palette Narmers (siehe unten) stellt das Bild eines der ersten Könige dar, der über Ober- und Unterägypten zugleich herrschte.

ARCHAISCHE PERIODE

Als Ägypten geeint war, wurde es mehr als 3000 Jahre lang von Königen regiert. Die 1. und die 2. Dynastie bilden die Archaische Periode, die rund 400 Jahre dauerte. Menes (oder Narmer) gründete am Oberlauf des Nil die gemeinsame Hauptstadt Ober- und Unterägyptens und nannte sie Memphis. Die Stadt entwickelte sich schnell. Gott der Stadt Memphis war Ptah.

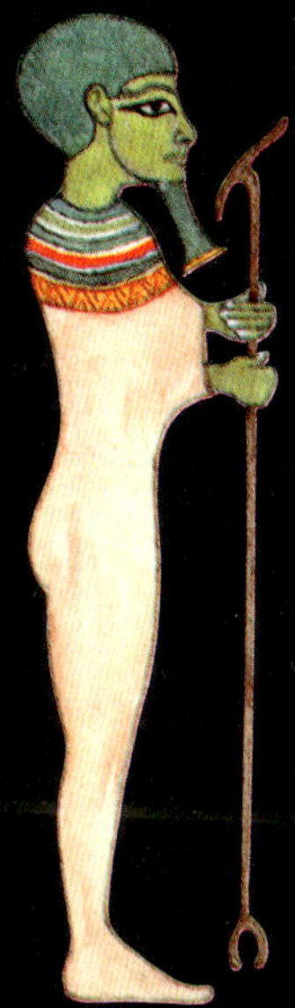

Gott Ptah

Archaische Mastabas wie diese in Sakkara wurden aus Lehmziegeln erbaut und bemalt.

BESTATTUNGSRITEN

Bei einigen der Überreste aus der archaischen Zeit handelt es sich um rechteckige Mastabas, die Grabstätten der Könige und Adligen. Einige der Königsmastabas sind von den Särgen der Dienerschaft umgeben. Man geht davon aus, dass sich die Diener nach dem Tode ihres Herrn freiwillig das Leben nahmen. Sie wurden um ihn herum bestattet, um ihm auch im Leben nach dem Tode dienen zu können. Doch dieses Ritual endete mit dem Ende der 1. Dynastie.

Die Narmer-Palette zeigt König Narmer mit der weißen Krone Oberägyptens. Auf der Rückseite ist er mit der roten Krone Unterägyptens abgebildet.

Der Nil fließt von Süden nach Norden. Deshalb wird der Norden Unterägypten und der Süden Oberägypten genannt. Dieses Satellitenfoto zeigt, wie sich der Nil von Oberägypten nach Norden windet und im Nildelta ins Mittelmeer mündet.

Östlich und westlich des Nil befindet sich nichts als glühend heiße Wüste.

DAS ALTE REICH

Das Alte Reich war eine der interessantesten Perioden in der Geschichte Ägyptens. In dieser Zeit entstanden die ersten Gebäude aus Stein. Sie waren von erstaunlicher Vollkommenheit. Viele Könige wollten, dass man sie nicht vergaß. Deshalb ließen sie sich riesige Denkmäler wie die Pyramiden oder den Sphinx errichten.

SICHERHEIT UND WOHLSTAND

Das Alte Reich begann ca. 2650 v. Chr. mit dem Einsetzen der 3. Dynastie und dauerte etwa 500 Jahre. In der Frühzeit herrschte der König über ganz Ägypten und setzte in bestimmten Regionen des Landes Verwalter ein. Sie mussten dem König in regelmäßigen Abständen über die Situation ihres Territoriums Bericht erstatten. Diese Verwalter werden als Nomarchen bezeichnet.

Nach der Regierung von Pepi II. endete die ruhige Zeit im Land. Er regierte so lange, dass er all seine Thronerben überlebte. Nach seinem Tod wechselten sich verschiedene Nomarchen in rascher Folge ab.

Eine kleine geschnitzte Steinfigur, die den Architekten Imhotep darstellt

DAS ERSTE GENIE

Der zweite König der 3. Dynastie hieß Djoser. Er ist bekannt geworden, weil für ihn die erste Stufenpyramide erbaut wurde – entworfen und realisiert von dem Architekten Imhotep, der nach der Überlieferung als erstes Genie der Welt gilt. Er war nicht nur Architekt, sondern auch Priester, Arzt, Astronom und weiser königlicher Ratgeber. Die Ägypter der Antike bewunderten ihn so sehr, dass sie ihn viele Jahre nach seinem Tod als Gott verehrten.

SNOFRU

Die Idee, nach dem Tode in einer Pyramide die ewige Ruhe zu finden, gefiel nach Djoser noch vielen Königen. Der erste König der 4. Dynastie, Snofru, ließ in Dahschur zwei Pyramiden bauen. Man kennt sie als Knickpyramide und Rote Pyramide (die erste gerade Pyramide). Bestattet wurde der Pharao wahrscheinlich in der Roten Pyramide.

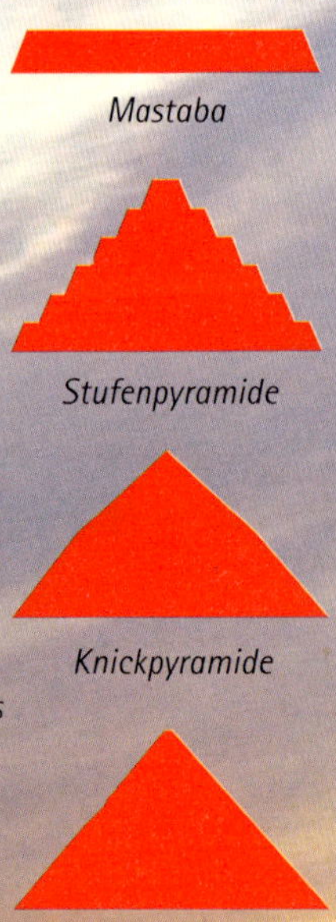

Die Stufenpyramide des Pharaos Djoser in Sakkara war zunächst als Mastaba geplant. Erst nach und nach wurden die Stufen nach oben gebaut.

GISEH

Snofrus Sohn Chufu (besser bekannt unter seinem griechischen Namen Cheops) ließ nur eine einzige Pyramide erbauen, doch diese ist die beeindruckendste, die je errichtet wurde: die Große Pyramide in Giseh. Nach Chufus Tod ließ sein Sohn Chephren (Chaefre) eine weitere Pyramide neben der seines Vaters bauen. Sie erreichte nicht deren Größe, ebenso wenig wie die dritte der Pyramiden von Giseh. Diese ließ Chephrens Sohn Mykerinos (Menkaure) als kleinste der drei errichten. Mehr über diese Bauwerke erfährst du auf den Seiten 66–67.

Diese kleine Steinskulptur ist das einzige erhaltene Abbild des Pharaos Cheops.

IN DER WÜSTE

Auch die Pharaonen der 5. und 6. Dynastie ließen Pyramiden errichten – allein entlang des Westufers des Nil wurden mehr als 90 gefunden. Die späteren Könige verwendeten nicht mehr so viel Sorgfalt auf den Pyramidenbau, deshalb haben sie die Zeiten nicht überdauert. Nur einige Steinhaufen blieben zurück.

Die Teti-Pyramide in Sakkara, von der nur noch Ruinen übrig sind.

DER LETZTE PHARAO

Der letzte König der 6. Dynastie war Pepi II. Er herrschte sehr lange Zeit über Ägypten und wurde wahrscheinlich 100 Jahre alt. Nach seinem Tod entstanden Unruhe und Unsicherheit im Land. Verschiedene Nomarchen strebten nach der Macht und das Alte Reich versank.

DAS RÄTSEL DES SPHINX

Der Sphinx befindet sich direkt vor der Cheops-Pyramide in Giseh. Er hat den Körper eines Löwen und den Kopf eines Königs. Historiker vermuten, dass er zur selben Zeit wie die Große Pyramide erbaut wurde und ein Abbild des Pharaos Cheops darstellt.

Der Sphinx hat seit jeher die Phantasien der Menschen beschäftigt. Manche schreiben ihm bis heute eine geheimnisvolle Macht zu oder glauben, dass sich in ihm noch unentdeckte Kammern befinden. Doch bis heute haben die Ägyptologen keine Anhaltspunkte für derlei Dinge gefunden.

Der Sphinx hat seinen Blick der aufgehenden Sonne zugewandt. Seine riesigen Vorderpranken wurden erst vor kurzem restauriert.

DIE ZEITEN ÄNDERN SICH

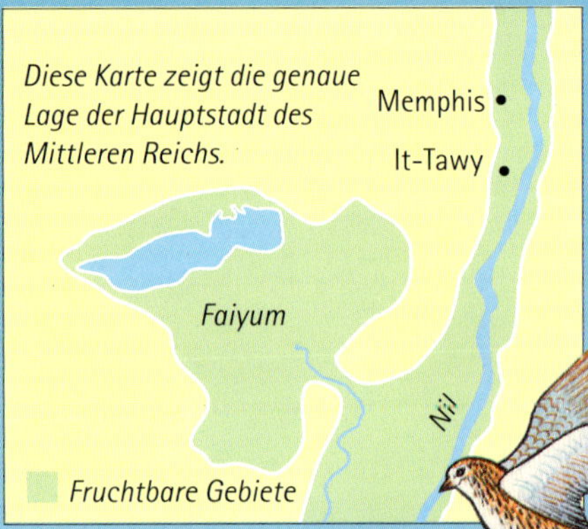

Als das Alte Reich versank, begann eine Zeit, die als Erste Zwischenzeit bezeichnet wird. Die alten Texte berichten von 70 Königen in 70 Tagen, denn die Herrscher kamen und gingen in rascher Folge. Etwa 100 Jahre später setzt das Mittlere Reich ein, das ungefähr 400 Jahre dauerte und für Ägypten eine Zeit großen Fortschritts bedeutete.

CHAOS UND HUNGER

Die Nomarchen herrschten während der 7., 8., 9. und 10. Dynastie. Manche von ihnen besaßen große Macht, doch keiner regierte ganz Ägypten. Es war eine Zeit des Kampfes und der Bürgerkriege. Im Land herrschte eine schreckliche Hungersnot. Der Nil führte Niedrigwasser, die Getreidefelder vertrockneten und die Menschen hatten nichts zu essen.

Mentuhotep II.

RUHE KEHRT EIN

Nach etwa 100 Jahren besserte sich die Lage. Die thebanischen Prinzen erlangten die Kontrolle über Ägypten und machten erstmals Theben zur Hauptstadt. Dieser Zeitpunkt stellt den Beginn der 11. Dynastie und damit des Mittleren Reichs dar. Der bekannteste Pharao der 11. Dynastie, Mentuhotep II., ließ sich am Westufer des Nil, gegenüber von Theben, einen großartigen Totentempel errichten.

NEUE HAUPTSTADT

Obwohl die Könige des Mittleren Reichs aus Theben stammten, verlegten sie in der 12. Dynastie ihre Hauptstadt weiter nach Norden. Sie nannten den Ort It-Tawy, was „Herrscher der zwei Länder“ bedeutet. Niemand weiß, wo It-Tawy genau lag. Sicher ist nur, dass es sich irgendwo zwischen Memphis und Faiyum befand, einer riesigen Oase, die zum großen Teil aus einem See bestand. Einer der Pharaonen der 12. Dynastie, Sesostris II., begann hier ein gigantisches Kanalisationsprojekt, um das umliegende Land urbar zu machen.

Diese Figuren stellen Fischer des Mittleren Reichs und Menschen dar, die ihre Freizeit bei den Fischern auf dem Nil verbringen.

EROBERUNG NUBIENS

Während des Mittleren Reichs herrschten zunächst friedvolle Zeiten. Doch dann drangen die Könige der 12. Dynastie nach Süden vor und eroberten Teile von Nubien und Kusch (heute Sudan). Um das neue Territorium zu sichern, ließen sie entlang der Grenzen massive Festungen erbauen.

Das Kriegsgeschehen der Antike änderte sich grundsätzlich mit dem Streitwagen, den die Hyksos nach Ägypten brachten.

SCHÖPFERISCHE KUNST

In der Zeit des Mittleren Reichs blühten die Künste. Viele bekannte Texte entstanden wie z. B. *Die Geschichte des Sinuhe* und *Der sprechende Pfau*. Sie wurden von Schreibern aller späteren Generationen kopiert und weitergegeben. Nur deshalb kennen wir sie.

Auch die Bestattungsriten änderten sich. Daraus entwickelten sich neue Kunstrichtungen. Adlige wurden nun in reich geschmückten Särgen in Felsengräbern beigesetzt. Wer sich keine verschwenderische Ausstattung leisten konnte, erhielt kleine Figuren als Grabbeigaben. Manche von ihnen waren unglaublich fein und sorgfältig gearbeitet. Einige der schönsten Stücke fand man in Mittelägypten, in Beni Hassan und Assiut.

Die Figuren der Fischer stammen aus der Zeit von etwa 2000 v. Chr. Man fand sie in dem Grab von Meket-Re in Theben.

EROBERER

Mit dem Ende der 13. Dynastie begann die Macht der Könige zu schwinden und das Mittlere Reich ging zu Ende. Ein fremdes Volk drang von Osten her ins Nildelta ein. Die Ägypter nannten die Eindringlinge Hyksos. Diese passten sich gut an das Leben in Ägypten an und übernahmen seine Sitten und seine Religion. Mit der Zeit wurden sie immer mächtiger und regierten bald fast ganz Ägypten von Auaris aus, ihrer Hauptstadt. Sie besaßen großen Einfluss auf das Leben im Alltag und brachten dem Land viele Neuerungen, darunter auch wirkungsvolle Waffen.

WIE REICHE ENTSTEHEN

Im Süden Ägyptens waren die Hyksos verhasst. Wieder einmal waren es Regenten aus Theben, die entschlossen handelten: Drei thebanische Könige, Taa I., Kamose und Ahmose, zogen nach Norden und vertrieben die Hyksos aus Ägypten. Um 1550 v. Chr. hatte im Land ein neuer Abschnitt in der Geschichte begonnen.

DIE FEINDE ÄGYPTENS

Als Naher Osten werden die Länder nördlich und östlich von Ägypten bezeichnet. Sie reichen bis zum heutigen Irak und der Türkei. In diesem riesigen Gebiet waren in der Antike viele große Nationen wie die Hethiter, die Mitanni und die Babylonier beheimatet.

Goldene Statuette eines Hethiter-Königs

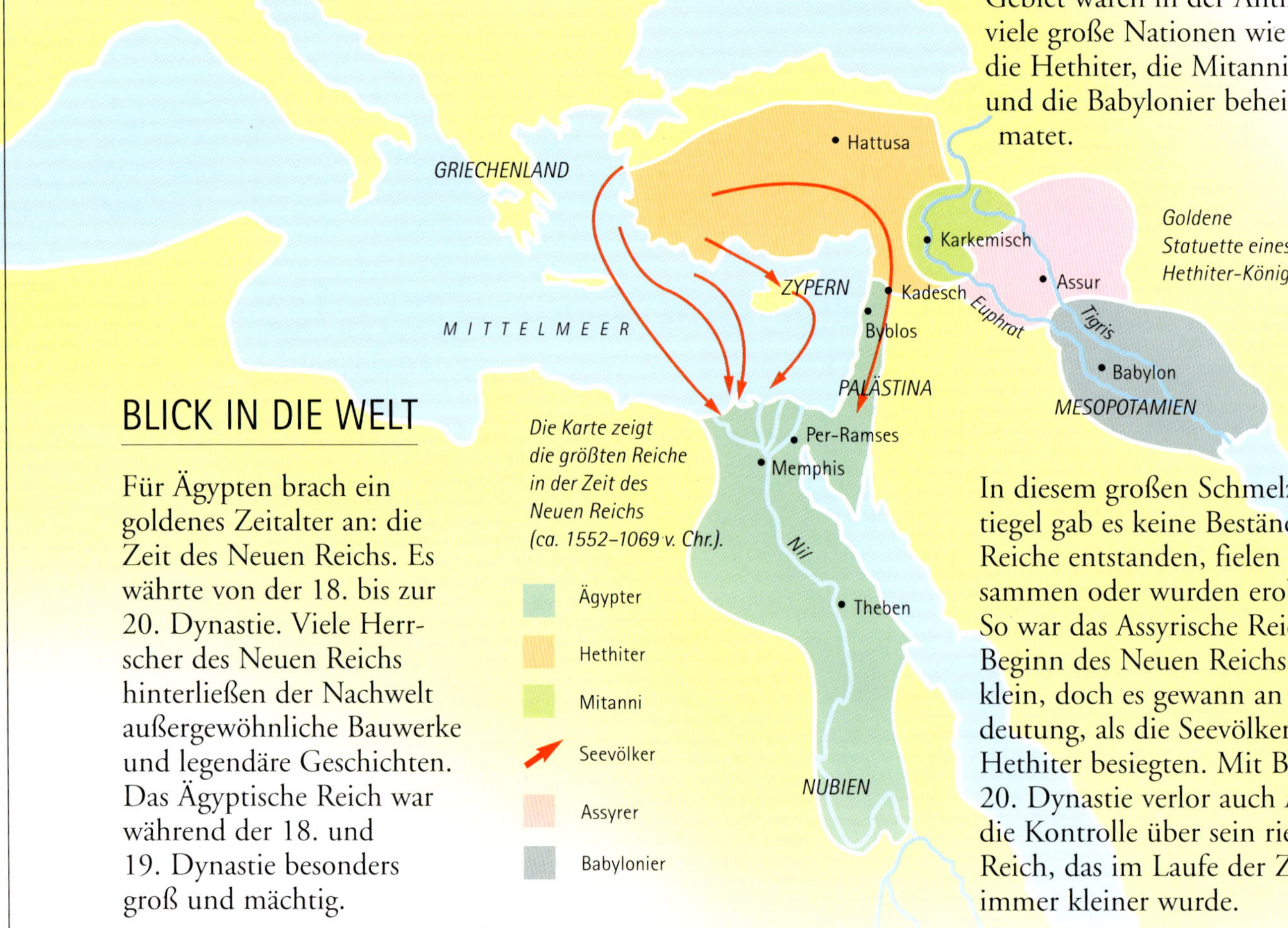

Die Karte zeigt die größten Reiche in der Zeit des Neuen Reichs (ca. 1552–1069 v. Chr.).

BLICK IN DIE WELT

Für Ägypten brach ein goldenes Zeitalter an: die Zeit des Neuen Reichs. Es währte von der 18. bis zur 20. Dynastie. Viele Herrscher des Neuen Reichs hinterließen der Nachwelt außergewöhnliche Bauwerke und legendäre Geschichten. Das Ägyptische Reich war während der 18. und 19. Dynastie besonders groß und mächtig.

In diesem großen Schmelztiegel gab es keine Beständigkeit. Reiche entstanden, fielen zusammen oder wurden erobert. So war das Assyrische Reich zu Beginn des Neuen Reichs nur klein, doch es gewann an Bedeutung, als die Seevölker die Hethiter besiegten. Mit Beginn der 20. Dynastie verlor auch Ägypten die Kontrolle über sein riesiges Reich, das im Laufe der Zeit immer kleiner wurde.

MACHT UND WOHLSTAND

Als Großreich kam Ägypten zu Wohlstand. Aus den eroberten Ländern floss ein ständiger Strom von Gütern ins Land. Die Macht vereinfachte auch den Handel. Ägypten exportierte Lebensmittel und importierte Pferde, Bauholz, Edelmetalle und viele andere wertvolle Waren.

In der Heimat nutzten die Könige ihre Macht und ihren Reichtum und begannen umfangreiche Bauprojekte. Eines der großartigsten war die Tempelanlage von Karnak. Schon seit der Zeit des Mittleren Königreichs standen dort Tempel, doch die Bauherren des Neuen Königreichs vergrößerten die Anlage, indem sie neue Tore (Pylonen genannt), Hallen und Obelisken errichten ließen.

Die Herrscher des Neuen Reichs gaben einen großen Teil ihres Reichtums für wertvolle Juwelen aus, wie dieser Brustschmuck zeigt, der an einer Kette um den Hals getragen wurde.

NEUE BESTATTUNGSRITEN

Weil Ägypten nun von Theben aus regiert wurde, brauchten die Pharaonen ein neues Bestattungsareal. In einem Tal nahe des Westufers des Nil, bekannt als Tal der Könige (siehe S. 68–69), begannen sie riesige, wunderschöne Grabstätten zu errichten. Am Westufer selbst entstanden Totentempel, damit die Menschen täglich ihre Opfer darbringen konnten.

DAS FRÜHE NEUE REICH

Die ersten Könige der 18. Dynastie (Ahmose, Amenophis I. und Thutmosis I.) festigten ihre Macht, indem sie das ägyptische Reich nach Süden und Norden ausdehnten und die Verwaltung der Ländereien neu gestalteten. Dies war auch eine Zeit mächtiger Frauen: zu den wichtigsten gehörten Tetischeri (Ahmoses Großmutter), Ahhotep (Ahmoses Mutter) und Ahmose-Nefertari, Ahmoses Schwester und Gemahlin. Ahmose-Nefertari regierte das Land, als Amenophis I. selbst für den Thron noch zu jung war. Damit war der Weg frei für eine bemerkenswerte Königin.

Wie auf diesem Gemälde zu sehen, wurde Ahmose-Nefertari in späteren Jahren als Göttin verehrt.

So sieht die riesige Tempelanlage von Karnak heute aus. Im Vordergrund der heilige See, im Hintergrund die Überreste der Tempel.

DIE KÖNIGIN, DIE KÖNIG WURDE

Die 18. Dynastie hatte ihre Probleme damit, sich fest zu etablieren. Die Könige starben in jungen Jahren oder hatten Söhne, die ebenfalls jung starben. Doch Thutmosis II., der vierte Pharao der Dynastie, hatte eine Frau an seiner Seite, die tatkräftig die Regierungsgeschäfte übernahm. Ihr Name war Hatschepsut.

KINDKÖNIG

Hatschepsut hatte keine Söhne. Deshalb war ihr Neffe, ein weiterer Thutmosis, der Thronerbe. Er war noch sehr jung, als Thutmosis II. starb. Deshalb übernahm Hatschepsut selbst die Regierungsgeschäfte. Das bedeutete, dass sie die Verantwortung für das Reich trug, bis der neue König alt genug für die Herrschaft war.

PHARAO HATSCHEPSUT

Hatschepsut war eine außergewöhnliche Frau. Nach einigen Jahren der Regentschaft offenbarte ihr ein Orakel des Gottes Amun, dass sie die wahre Königin sei. Sie ließ sich offiziell krönen und war von nun an mit allen Insignien eines männlichen Pharaos ausgestattet – sie trug sogar den traditionellen falschen Bart der Pharaonen.

Büste der Hatschepsut mit falschem Bart

EXPANSION UND HANDEL

Während ihrer 20-jährigen Herrschaft verteidigte Hatschepsut Ägyptens Grenzen zu Nubien und Syrien und führte viele Bauprojekte durch. Außerdem ließ sie die Handelsbeziehungen zu dem Land Punt (wahrscheinlich Somalia) wieder aufleben. Die Schiffe mussten auseinander gebaut, vom Nil zum Roten Meer transportiert und dort wieder zusammengesetzt werden. Doch das war angesichts der Myrrhebäume, des Weihrauchs, des Ebenholzes, des Elfenbeins, der Leopardenfelle und der Paviane, die Punt lieferte, der Mühe wert.

Hatschepsuts Expedition nach Punt. Das Land war üppig und reich. In ihm wuchsen Bäume und Pflanzen, die es in Ägypten nicht gab.

Myrrhebäume mit ihren Ballen werden an Bord eines Nilschiffes gebracht.

Der Tempel der Hatschepsut bietet einen majestätischen Anblick. Hinter ihm ragen steile Felswände in den Himmel, und lange, gerade Wege führen zu ihm hin.

DER SCHÖNE TEMPEL

Der Tempel der Hatschepsut steht in Deir el-Bahari neben dem Tempel des Mentuhotep II. (siehe S. 20). Viele halten ihn für den schönsten noch erhaltenen Tempel am Westufer des Nil. Er wurde von Hatschepsuts Ratgeber, dem begabten Architekten Senmut entworfen, der zugleich der Erzieher ihrer Tochter, der Prinzessin Neferure, war.

Manche Ägyptologen vermuten in Senmut den Geliebten der Königin. Was mit ihm geschah, wurde nie ganz geklärt. Wahrscheinlich starb er in den letzten Jahren ihrer Regierung, denn seit dieser Zeit wird er in den Aufzeichnungen nicht mehr erwähnt.

DIE RACHE DES NEFFEN

Während Hatschepsut erfolgreich regierte, nahm es Neffe Thutmosis III. ihr übel, dass sie seinen Platz eingenommen hatte. Als sie gestorben war, befahl er alles zu zerstören, was an seine verhasste Tante erinnerte. Dazu gehörte auch ihr Totentempel. Die Ägyptologen sind dabei, ihn wieder aufzubauen.

Der kriegerische Pharao Thutmosis III.

ÄGYPTEN IM KRIEG

Thutmosis III. hatte lange darauf gewartet, König zu werden. Seine erfolgreiche Herrschaft dauerte mehr als dreißig Jahre. Er ließ viele Denkmäler bauen, doch wirklich bekannt wurde er, weil er zahlreiche Kriege führte und Ägypten unter ihm seine größte Ausdehnung erreichte.

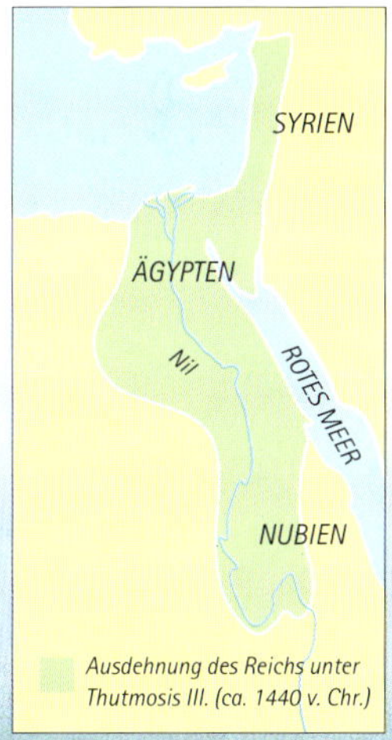

Das Ägyptische Reich zum Zeitpunkt seiner größten Ausdehnung

DIE MITANNI

Jedes Frühjahr brach Thutmosis III. zu einem neuen Feldzug auf, entweder in den Süden (gegen Nubien) oder in den Nordosten (gegen Syrien, Kanaan) oder zum Fluss Euphrat hin. Insgesamt führte er siebzehn Kriegszüge, viele von ihnen gegen das Volk der Mitanni, die er zwar in vielen Schlachten bezwang, jedoch nie wirklich besiegen konnte. Erst durch die Hethiter wurde das Mitannische Reich endgültig zerstört.

DIE RELIGIÖSE REVOLUTION

Als Thutmosis III. starb, hinterließ er ein reiches Land, das sich weit nach Süden und Osten erstreckte. Die Mitanni schlossen Frieden mit seinem Enkel, Thutmosis IV. Daher konnte dessen Nachfolger Amenophis III. ein sorgloses Leben in Luxus führen. Später kam es zu einer radikalen Wendung in der Religion, die das ganze Land erschütterte.

DIE MACHT DES AMUN

Weil die Pharaonen des Neuen Reichs aus Theben kamen, gewann der Gott dieser Stadt, Amun, im ganzen Land immer mehr an Macht. Reiche und mächtige Priester dienten ihm. Umso größer war der Schock über das, was später geschah.

Gott Amun

EINE SORGLOSE KINDHEIT

Die lange und friedliche Regierungszeit Amenophis' III. bot die ideale Gelegenheit, viel Zeit und Geld mit Kultur, Freizeitaktivitäten und Bauprojekten zu verbringen. Dem jungen Thronerben Amenophis IV. war daher eine entspannte Kindheit mit allen Möglichkeiten zur Verwirklichung seiner Träume vergönnt. Er entwickelte ein besonderes Interesse für Religion und Kunst.

Dies ist eine von vielen Büsten des Echnaton. Sie zeigt ihn mit einem seltsam länglichen Gesicht.

VON AMUN ZU ATON

Amenophis IV. weigerte sich Gott Amun anzubeten und ersetzte ihn durch Aton, den Sonnengott, der als Sonnenscheibe hell und sichtbar in Erscheinung trat. Als er König wurde, setzte er seine religiösen Ideen in die Realität um. Er befahl den Namen Amun aus allen Tempelinschriften zu entfernen und erhob Aton zum allein anzubetenden Gott. Er änderte seinen Namen von Amenophis in Echnaton, was „Glanz Atons" bedeutet.

EINE NEUE STADT

Echnaton wollte nicht inmitten all der Götterbildnisse in Theben leben. Deshalb ließ er weiter im Norden eine neue Stadt erbauen, die er Achetaton nannte (Horizont des Aton). Sie wurde auf einem windigen Plateau nahe der Stelle errichtet, die wir heute als Tell el-Amarna kennen. Die Regierungszeit von Echnaton wird deshalb häufig auch als Amarna-Periode bezeichnet.

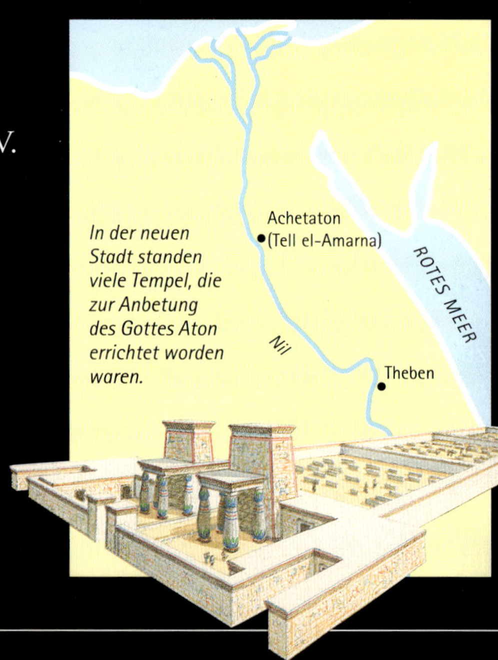

In der neuen Stadt standen viele Tempel, die zur Anbetung des Gottes Aton errichtet worden waren.

DIE SCHÖNE KÖNIGIN

Echnatons Hauptfrau war Königin Nofretete. Viele Jahre lang regierte sie gemeinsam mit ihm das Land. Was aus ihr wurde, wird wohl immer ein Geheimnis bleiben.

Nofretetes Büste vermittelt den Eindruck, dass die Königin wunderschön gewesen sein muss.

In den späten Jahren von Echnatons Regierungszeit verschwindet Nofretetes Name plötzlich. Erst vor kurzer Zeit fand man heraus, dass er eine weitere Königin namens Kiya hatte, die den Titel „Innig geliebte Gemahlin" trug. Das bedeutet, dass sie Echnaton zumindest eine Zeit lang sehr nahe stand. Außer ihr scheint dem Pharao noch jemand sehr eng verbunden gewesen zu sein: Semenchkare (siehe S. 28), über den man jedoch fast nichts weiß.

UNGEWÖHNLICHE KUNST

Besonders in der ersten Hälfte seiner Regierungszeit förderte Echnaton neue Kunstrichtungen in der Bildhauerei und Malerei. Auf Porträts sieht man ihn inmitten seiner glücklichen Familie, er spielt mit den Kindern oder umarmt die Königin. Vorher hatte man Pharaonen nur idealisierend und stereotyp abgebildet.

Auf diesen neuartigen Bildern bietet der König jedoch einen seltsamen Anblick: Er hat breite Hüften, einen Hängebauch und ein langes, schmales Gesicht. Die Königsfamilie wird mit großen Köpfen und langen Gesichtern dargestellt. Wir wissen aber nicht, warum. Einer Theorie zufolge hatte das religiöse Gründe, eine andere besagt, dass die Familie an einer Krankheit litt.

Echnaton und seine Familie beten Gott Aton an. War ihr ungewöhnliches Aussehen Folge einer Krankheit?

DAS REICH ZERFÄLLT

Echnaton war so eifrig mit religiösen Reformen beschäftigt, dass er die Hethiter übersah, die das Reich vom Norden her bedrohten. Das hatte weit reichende Auswirkungen: Die Hethiter eroberten eine Provinz nach der anderen. Das ägyptische Großreich begann zu schrumpfen. Es gewann nie wieder die Ausmaße, die es unter Thutmosis III. erreicht hatte.

DIE ZEIT DES TUTANCHAMUN

Die Regierungszeit Echnatons hinterließ große Verwirrungen – für das damalige Ägypten und auch für uns heute. Noch immer geben er und seine Nachkommen uns viele Rätsel auf. Im Alter von nur neun Jahren bestieg dann Tutanchamun den Thron. Er regierte mit seinen Ratgebern und starb im Alter von nur neunzehn Jahren.

AMARNA-RÄTSEL

Die letzten Jahre Echnatons sind geheimnisumwittert. Es scheint, als habe jemand mit dem Namen Semenchkare gemeinsam mit ihm regiert und den Platz von Nofretete eingenommen. Möglicherweise handelte es sich bei Semenchkare aber auch um Nofretete selbst, die vielleicht einen anderen Namen angenommen hatte.

DAS GRAB KV55

Das Geheimnis um Semenchkare ist deshalb so reizvoll, weil man im Jahre 1907 die Mumie eines Mannes fand, der im Tal der Könige hastig und heimlich bestattet worden war. Das Grab trägt die Nummer KV55. Die Mumie war sehr brüchig und zerfiel fast, als sie versehentlich zu grob behandelt wurde. Es war daher schwierig, festzustellen, um wessen Mumie es sich handelte. War es Semenchkare? Wir wissen es nicht, aber es wird vermutet, dass es wohl die Mumie von Echnaton selbst war.

Sicher ist, dass Tutanchaton kurz nach Echnatons Tod den Thron bestieg. Man glaubt, dass er der Sohn von Kiya und Echnaton war. Er heiratete Anchesenpaaton, eine seiner Schwestern, die sich später Anchesenamun nannte.

Obwohl dem Kindkönig Tutanchamun nur ein kurzes Leben beschieden war, wurde er mit den wertvollsten Schätzen bestattet. Einer davon ist diese Goldstatue.

Dieser Gefäßaufsatz aus Alabaster wird der „innig geliebten Gemahlin" Kiya zugeordnet.

DIE KURZE HERRSCHAFT DES KINDKÖNIGS

Als er den Thron bestiegen hatte, verließ Tutanchaton die Stadt Achetaton und ließ sich wieder in Theben nieder. Er änderte seinen Namen von Tutanchaton („das lebendige Bildnis des Gottes Aton") in Tutanchamun („das lebendige Bildnis des Gottes Amun"). Auf diese Weise machte er deutlich, dass er mit Echnatons seltsamer Religion nichts mehr zu tun haben wollte und dass die Welt wieder zur Normalität zurückfand. Amun-Re wurde wieder zum wichtigsten Gott erklärt.

Während seiner Regierung war Tutanchamun hauptsächlich von seinen Beratern abhängig. Einer von ihnen, Aja, stand viele Jahre lang als Kommandant der Streitwagentruppe vor. Als Tutanchamun ohne männliche Nachkommen starb, nahm Aja seinen Platz ein.

Ein Gemälde, das die Töchter Echnatons zeigt, gemalt im Stil von Amarna (siehe S. 27)

EINE TÖDLICHE SEUCHE?

Nach dem Tode Tutanchamuns geschah etwas Seltsames. Seine junge Witwe Anchesenamun schrieb dem König der Hethiter, einem Feind Ägyptens, einen Brief, in dem sie ihn bat ihr einen seiner Söhne als Ehemann zu schicken. Der Hethiterkönig kam ihrem Wunsch nach, doch sein Sohn kam nie in Ägypten an. Er wurde auf dem Weg nach Ägypten ermordet. Diese Geschichte ist ungewöhnlich, weil ägyptische Frauen nie Fremde heirateten.

In ihrem Brief hatte die Königin erwähnt, dass sie keinen „Diener" heiraten wolle. Damit könnte sie den alten Aja gemeint haben, der von niederem Stand war. Eine Erklärung dafür, dass es keine geeigneten Ehemänner im Land gab, könnte eine tödliche Seuche sein, die damals grassierte und viele Ägypter und Hethiter – und vielleicht auch Mitglieder des Königshauses – das Leben gekostet hatte. Das würde auch ein weiteres Rätsel erklären: Alle anderen Töchter Echnatons sind spurlos verschwunden.

Dieses Bild auf einem Thron Tutanchamuns zeigt, wie Anchesenamun ihn mit Salbe einreibt.

WAR ES HAREMHAB?

Aja regierte nur vier Jahre lang. Nach seinem Tod verschwendete der mächtige Armeegeneral Haremhab keine Zeit und eroberte den Thron für sich. Er war ein rücksichtsloser Herrscher, der mit aller Macht versuchte Echnaton, Tutanchamun und Aja aus der Geschichte zu tilgen – ihre Namen und Abbilder wurden aus allen Gemälden und Skulpturen getilgt. Möglich, dass Haremhab auch für die Ermordung des Hethiterprinzen verantwortlich war.

Ein Gemälde im Grab Tutanchamuns zeigt Aja während der Zeremonie zur Öffnung des Mundes (siehe S. 61). Normalerweise wurde diese Zeremonie vom Sohn und Erben des verstorbenen Königs durchgeführt.

HAREMHABS HERRSCHAFT

Trotz seiner dunklen Vergangenheit herrschte Haremhab etwa 28 Jahre lang über Ägypten. Er reformierte die Armee, sorgte an den Landesgrenzen für Sicherheit und brachte wieder Ordnung in die regionalen und zentralen Regierungen. Er behauptete viele Bauten errichtet zu haben – doch er gab nur Tutanchamuns Projekte für seine eigenen aus.

Haremhab

RAMSES II.

Mit der Regierungszeit Haremhabs endete die 18. Dynastie. Ramses wurde Pharao und begründete die 19. Dynastie. Der dritte König dieser Dynastie war Ramses II., der eine außergewöhnliche Regierungszeit prägte. Er lebte länger als fast jeder andere Pharao und war ein großer Selbstdarsteller, der seinen Namen so bekannt wie nur irgend möglich machen wollte.

Ramses I. bei seiner Ankunft im Jenseits. Er war der erste einer langen Reihe von Königen, die den Namen Ramses trugen.

RAMSES I. UND SETHOS I.

Bevor Ramses I. Pharao wurde, war er Armeeoffizier. Er war schon sehr alt und regierte nur zwei Jahre lang. Sein Sohn Sethos I. wurde sein Nachfolger. Sethos wollte das ägyptische Großreich wiederherstellen, das unter der Regierung von Echnaton verloren gegangen war. Er führte mehrere Feldzüge gegen Palästina und gelangte im Norden bis nach Syrien, wo er in Kämpfe gegen die Hethiter verwickelt wurde. Er siegte und kehrte nach Ägypten zurück, während seine Feinde sich tiefer in die besetzten Länder zurückzogen.

Eine Granitstatue von Ramses II. In der rechten Hand hält er den königlichen Krummstab.

EINE LEGENDÄRE AMTSZEIT

Der Sohn Sethos' I., Ramses II., amtierte eine der längsten Regierungszeiten. Er herrschte mehr als 67 Jahre und war wahrscheinlich beinahe 90 Jahre alt, als er starb. Während seiner Amtszeit hatte er viele Frauen und Kinder. Seine Hauptfrau, Königin Nefertari, war hoch angesehen. Ramses ließ ihr in Abu Simbel einen Tempel erbauen und errichtete für sie ein wunderschönes Grab im Tal der Königinnen (siehe S. 69).

PROPAGANDA

Ramses II. war ein Meister in der Kunst der Propaganda. So erklärte er z. B. Gott Amun zu seinem leiblichen Vater. Außerdem gab er riesige Bauprojekte in Auftrag, unter anderem den großen Ramses-Tempel (sein Grabmal), das Hypostyl in Karnak und die majestätische Tempelanlage in Abu Simbel. Von vielen weiteren Bauten behauptete er einfach, er selbst habe sie bauen lassen.

DIE HETHITER

Ramses II. setzte das Vorhaben seines Vaters fort, das ägyptische Großreich in Palästina und Syrien wiederzuerrichten. Dadurch kam es zu Auseinandersetzungen mit den Hethitern. Im fünften Jahr seiner Amtszeit griff Ramses die Hethiter an der ägyptischen Grenze bei Kadesch an. Er behauptete später, Ägypten habe einen glorreichen Sieg errungen. In Wahrheit entging die ägyptische Armee nur knapp einer schweren Niederlage. Ramses ließ Szenen dieser Schlacht in die Wände vieler Tempel meißeln, so auch in Abu Simbel und dem Hypostyl in Karnak.

Die Wände der Tempelanlage in Abu Simbel zeigen Ramses, wie er in glorreichen Kämpfen die Feinde besiegt.

DIE FALLE VON KADESCH

In der Schlacht von Kadesch wandten die Hethiter einen Trick an: Sie ließen Ramses glauben, sie hätten sich zurückgezogen. So ging ihnen eine Division der ägyptischen Armee in die Falle: das Amun-Regiment mit Ramses an der Spitze. Ramses bewies Heldenmut, als er seine Truppen dazu brachte, durchzuhalten, bis Verstärkung anrückte. Es gelang ihm, sich durchzukämpfen. Am Ende saßen beide Armeen in einer Pattsituation fest und zogen sich zurück.

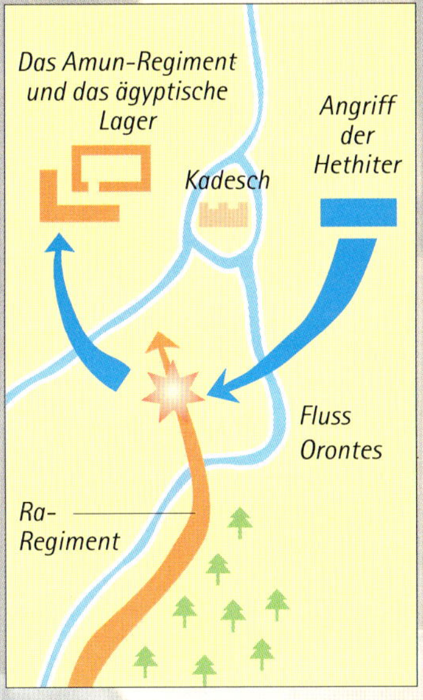

Karte des Schlachtfeldes

EIN VERTRAG UND EINE GEMAHLIN

Nach zähen Verhandlungen einigte sich Ramses mit dem König der Hethiter. Ein Friedensvertrag wurde unterzeichnet. Um die neue Freundschaft zu festigen, heiratete Ramses eine hethitische Prinzessin. Der Friede zwischen den Ländern überdauerte die Regierungszeit Ramses' II.

EINE NEUE HAUPTSTADT

Weil Ägypten an Palästina und Syrien großes Interesse hatte, beschloss Ramses die Hauptstadt des Landes näher an deren Grenzen zu verlegen. An der Stelle, wo einst Auaris, die Hauptstadt der Hyksos, gelegen hatte, ließ er den neuen Regierungssitz Per-Ramses errichten. Die Dichter priesen die Schönheit der Stadt, die bis zum Ende des Neuen Reichs Hauptstadt blieb.

In der Schlacht bei Kadesch überraschte Ramses II. (mit blauem Helm) die Hethiter, als er sie tapfer und furchtlos angriff.

Die Ägypter waren den Hethitern zwar zahlenmäßig unterlegen, konnten jedoch ihre Stellungen halten.

DAS NEUE REICH ENDET

Nach dem Tod von Ramses II. verlor Ägypten seine einstige Bedeutung. Innerhalb weniger Jahrzehnte endete die 19. Dynastie. Die neuen Herrscher versuchten Ruhm und Glanz des Reichs wieder aufleben zu lassen und nannten sich daher oft ebenfalls Ramses. Die 20. Dynastie wird deshalb von Pharaonen mit dem Namen Ramses geprägt. Als das Neue Reich versank, begann die Dritte Zwischenzeit.

GEFAHR VON AUSSEN

Der Nachfolger Ramses' II. hieß Merenptah. Unter ihm flüchteten – wohl wegen einer großen Hungersnot – viele Fremde aus dem heutigen Libyen nach Ägypten, um sich im Nildelta niederzulassen. Merenptah musste sie wieder vertreiben.

Eine zweite Bedrohung war wesentlich gefährlicher. Völkergruppen aus Ländern rund ums Mittelmeer schlossen sich zu Seevölkern zusammen und versuchten Ägypten zu erobern. Merenptah konnte sie besiegen und 6000 Angreifer töten, doch 20 Jahre später kehrten die Eroberer umso zahlreicher zurück.

RAMSES III.

Der zweite Pharao der 20. Dynastie, Ramses III., eiferte seinem Namenspatron Ramses II. nach, doch er hatte große Probleme zu bewältigen. Die Libyer drangen wieder nach Ägypten ein und die Seevölker begannen eine neue Invasion. Ramses III. musste zu Wasser und zu Land viele Schlachten schlagen. Er konnte zwar alle gewinnen, doch Ägypten war durch die ständigen Kriegshandlungen geschwächt und verlor viel von seiner Macht.

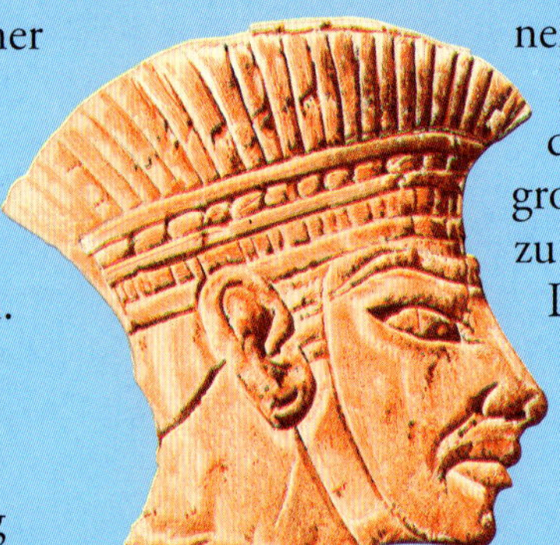

Krieger vom Stamm der Philister, die zu den Seevölkern gehörten

DER ERSTE STREIK

Ramses III. verwirklichte einige wichtige Bauprojekte, doch seine Amtszeit brachte nicht den erhofften Reichtum. Als er seine Arbeiter nicht mehr bezahlen konnte, traten sie in den Streik – den ersten der Weltgeschichte.

VERSCHWÖRUNG

Selbst seine eigene Familie bereitete Ramses III. Probleme. Eine seiner Gemahlinnen zettelte eine Verschwörung gegen ihn an. Sie wollte ihn ermorden lassen und ihren Sohn zum Pharao ernennen. Der Plan schlug fehl. In dem folgenden Gerichtsverfahren wurden die Verschwörer schuldig gesprochen und mindestens 17 von ihnen zum Tode verurteilt. Später erbte ein anderer Sohn Ramses' III. den Thron. In der 20. Dynastie gab es noch sieben weitere Könige, die sich Ramses nannten, doch keiner von ihnen war besonders bedeutend.

Dieses Bild entstand nach einer ägyptischen Inschrift und zeigt eine Kampfszene zwischen den Ägyptern und den Seevölkern.

GRABRÄUBER

Unter der Regierung von Ramses IX. gab es einen Skandal, der sich über 20 Jahre hinzog: Die Gräber vieler Adliger und einiger Könige wurden ausgeplündert! Besonders ärgerlich war, dass es sich bei den Grabräubern um Tempelarbeiter handelte. Auch der Bürgermeister von Theben geriet unter Verdacht. Es kam zu einer Aufsehen erregenden Gerichtsverhandlung, doch keine hochrangige Persönlichkeit konnte überführt werden. Die schuldig gesprochenen Grabräuber aber wurden zu einem schrecklichen Tod verurteilt: Sie wurden gepfählt.
Trotz des Gerichtsverfahrens hörten die Plünderungen besonders in den Königsgräbern nicht auf. Deshalb entschlossen sich die Hohepriester der 21. Dynastie die Mumien der bedeutendsten Könige umzubetten und so in Sicherheit zu bringen, darunter Ramses II. und Sethos I. Sie wurden an einen geheimen Ort in Deir el-Bahari gebracht. Andere Königsmumien wurden im Grabmal des Amenophis II. im Tal der Könige versteckt.

Hastig und in aller Eile plündern Grabräuber eine Grabkammer.

Dies sind die Mumien von Sethos I., Ramses IV. und Ramses II. Sie alle wurden in dem Versteck in Deir el-Bahari gefunden.

DIE MACHT DER BEAMTEN

Keiner der Pharaonen der 20. Dynastie erwies sich als besonders tatkräftig. Das Regierungssystem drohte einzustürzen, der Verwaltungsapparat stellte sich als desorganisiert heraus. Nubien erklärte sich für unabhängig. Die Schwäche der Könige stärkte den Beamtenstand. Armeegenerale, Wesire und Priester wurden immer mächtiger. Gegen Ende der 20. Dynastie wurde Ägypten mehr oder weniger von General Herihor regiert, der zugleich das Amt des Hohepriesters von Theben bekleidete.

EIN SCHMELZTIEGEL

Die glorreiche Zeit des antiken Ägypten war vorbei. Als das Neue Reich endete, leitete die Dritte Zwischenzeit eine Periode der Unsicherheit und Teilung ein. Fremde Könige bestiegen den ägyptischen Thron.

Dieses Bild zeigt die Assyrer im Jahre 665 v. Chr. bei der Plünderung der Tempel in Theben.

TANIS UND THEBEN

Ramses XI. starb um 1069 v. Chr. und gab die Macht an zwei Männer weiter: an Smendes, der in der Hauptstadt Per-Ramses residierte, und an Pinudjem, den Hohepriester von Theben. Beide gelten als Söhne des Herihor. Smendes krönte sich zum Pharao und verlegte die Hauptstadt nach Tanis. Dort begründete er die 21. Dynastie. Die Stadt Tanis glich mit ihren Amun und Mut geweihten Tempeln Theben. Zunächst erkannte Pinudjem Smendes als König an, erklärte sich jedoch später ebenfalls zum Pharao. Nach seiner Proklamation blieb Ägypten mehr als 100 Jahre lang zwischen Tanis und Theben in zwei Reiche geteilt.

Die Karte zeigt die Lage von Tanis und Theben.

DIE LIBYER

Als die Zeit der Tanis-Könige zu Ende ging, ergriffen die Anführer der libyschen Siedler im Nildelta die Gelegenheit, den Thron an sich zu reißen: Libysche Könige begründeten die 22. Dynastie.

Der erste libysche Herrscher war Scheschonk I. Er verheiratete seinen Sohn mit der Thronerbin von Tanis. Bevor er sich um 945 v. Chr. zum Pharao krönte, war er Oberkommandierender der Armee gewesen. Einen seiner Söhne ernannte er zum Hohepriester von Theben. Auf diese Weise gelang es ihm, Ägypten wieder zu vereinigen.

Diese goldene Maske ist aus einem einzigen Goldbarren gefertigt. Sie wurde in Tanis gefunden und gehörte Scheschonk II., einem König der 22. Dynastie.

Die Könige von Tanis wurden auch dort bestattet. In ihren Gräbern fand man herrliche Schätze wie z. B. diesen silbernen Sarg des Königs Psusennes I., einem Herrscher der 21. Dynastie.

WIEDER EIN GROSSREICH?

Die libyschen Herrscher versuchten das Ägyptische Reich wieder nach Osten hin zu vergrößern. Scheschonk I. führte Krieg in Palästina und überfiel um 925 v. Chr. Jerusalem. Er plünderte die Stadt und ihre Tempel und ließ die Beute nach Ägypten bringen. Doch die Ägypter waren nicht in der Lage, ihre Macht in Palästina dauerhaft zu festigen.

Die assyrischen Soldaten galten als besonders gewalttätig und blutrünstig.

Die Assyrer raubten alles Gold aus den Tempeln.

HERRSCHER AUS NUBIEN

Die Libysche Periode endete im Chaos – viele Prinzen regierten gleichzeitig. Die Nubier hatten sich inzwischen von der ägyptischen Besatzung unter Ramses XI. befreit und marschierten etwa im Jahre 728 v. Chr. mit ihrem Führer Pianchi an der Spitze Richtung Norden.
Die Nubier hatten viele ägyptische Sitten angenommen und waren sogar eifrigere Verehrer des Gottes Amun als die Ägypter selbst. Pianchi ließ sich als Pharao in Theben nieder und begründete die 25. Dynastie. Er unterwarf die Prinzen im Nildelta und wurde schließlich im ganzen Land als König anerkannt.

Dieser Sphinx zeigt das Gesicht von Taharka, einem nubischen König der 25. Dynastie.

ASSYRIENS AUFSTIEG

Bereits während der nubischen Periode änderten sich die Machtverhältnisse im Nahen Osten. Assyrien war zur einer Großmacht herangewachsen und kontrollierte um 750 v. Chr. einen Großteil von Mesopotamien und Palästina. Nubien verbündete sich mit Palästina, um die Assyrer zurückzudrängen, erweckte aber dadurch nur Assyriens Interesse an Ägypten. Zweimal fielen sie ins Nildelta ein, doch die Nubier wehrten sich energisch. Da beschlossen die Assyrer Ägypten eine Lektion zu erteilen.

DIE EINNAHME VON THEBEN

Im Jahre 665 v. Chr. marschierten die Assyrer, unterstützt von den Prinzen im Nildelta, in Theben ein. Sie plünderten die Tempel und setzten sie anschließend in Brand. Der damalige nubische König Ägyptens, Tanutamun, musste zurück nach Nubien fliehen. Damit war die Zeit der Herrschaft der Nubier in Ägypten zu Ende.

DIE LETZTEN KÖNIGE

Die 26. Dynastie war die letzte Periode, in der einheimische Könige herrschten. Während der letzten 600 Jahre v. Chr. entstanden im Nahen Osten und in Europa viele neue Reiche, was auch Auswirkungen auf Ägypten hatte. Im 4. Jh. v. Chr. regierten noch einmal ägyptische Könige, wenn auch nur für kurze Zeit. Danach geriet Ägypten unter Fremdherrschaft.

DIE KÖNIGE VON SAIS

Nach ihrem brutalen Überfall zogen sich die Assyrer in ihre Heimat zurück, trieben von den Prinzen im Nildelta aber weiterhin Steuern ein. Das gefiel jenen aber nicht. Nur ein Jahr später verweigerte Psammetich I., der in Sais im Nildelta residierte, die Zahlung. Im Jahre 664 v. Chr. proklamierte er sich zum König und einte Ägypten wieder. Er und seine Nachkommen gründeten die 26. Dynastie, die den Beginn der Späten Periode markiert.

Die 26. Dynastie dauerte etwa 150 Jahre. In dieser Zeit stand das Land in voller Blüte. Die Könige von Sais wollten Ägypten wieder zu einem Großreich machen. Deshalb verwirklichten sie viele große Bauprojekte und versuchten das Reich nach Osten hin auszudehnen. König Necho II. begann sogar mit dem Bau eines Kanals, der den Nil mit dem Roten Meer verbinden sollte.

Diese Särge und die Statue stammen aus der Zeit der 26. Dynastie. Sie beweisen den hohen Stand der Kunst in jener Zeit.

PERSISCHE TYRANNEI

Das nächste Großreich, das die Herrschaft über Ägypten übernahm, war Persien. Die Perser hatten 525 v. Chr. den letzten König von Sais, Psammetich III., besiegt und regierten etwa 120 Jahre lang. Als Statthalter setzten sie Satrapen (Verwalter) ein. Beim Volk waren sie äußerst unbeliebt, obwohl sie vom fernen Persien aus regierten. Der einzige König, der Ägypten jemals besucht hat, war Kambyses II. Sein Nachfolger, Darius I., bemühte sich eine gerechte Regierung aufzubauen und zeigte großen Respekt vor den ägyptischen Sitten und Gebräuchen.

Der persische Herrscher Darius I.

GRIECHISCHE SIEDLER

Während der Spätzeit wanderten immer mehr Griechen nach Ägypten ein und ließen sich zunächst als Händler und später auch als Söldner nieder. Sie waren von der ägyptischen Kultur fasziniert und übernahmen viele Sitten und Gebräuche. Während der Persischen Periode schloss Ägypten mit Griechenland mehrere Bündnisse.

Alexander der Große, abgebildet auf einem antiken römischen Mosaik

DIE LETZTEN ÄGYPTISCHEN KÖNIGE

Die Ägypter lehnten sich gegen die Perser auf. Um etwa 404 v. Chr. gelang es ihnen endlich, die verhasste persische Herrschaft für eine Weile loszuwerden. Diese kurze und letzte Zeit der ägyptischen Unabhängigkeit dauerte nur etwa 60 Jahre, doch sie verlief sehr ereignisreich. Griechen und Ägypter befanden sich fast ständig im Kriegszustand, weil sie gemeinsam das persische Joch abwerfen wollten. Doch dann drangen die Perser unter Artaxerxes II. erneut in Ägypten ein und der letzte ägyptische König, Nektanebos II., musste fliehen.

König Nektanebos II. während einer Opferung. Er galt als großer Zauberer.

ALEXANDER DER GROSSE

Im Jahre 334 v. Chr. erschien ein neues Großreich auf dem Plan der Geschichte: Alexander der Große aus Makedonien im Norden Griechenlands begann seinen Siegeszug. 332 v. Chr. marschierte er in Ägypten ein und vertrieb die Perser. Die Ägypter feierten ihn als Helden und Befreier; ein Orakel erklärte ihn zum leiblichen Sohn des Gottes Amun. An der Mittelmeerküste gründete er die neue Hauptstadt Alexandria. Er starb im Jahre 323 v. Chr. im Alter von 32 Jahren. Sein Reich wurde unter drei Generälen aufgeteilt. Einer von ihnen, Ptolemäus, übernahm die Macht in Ägypten.

PTOLEMÄUS ÜBERNIMMT DIE MACHT

Ptolemäus und seine Nachkommen regierten in Ägypten fast 300 Jahre lang. Alle Könige trugen den Namen Ptolemäus, die Königinnen hießen Kleopatra, Arsinoe und Berenize.

Weil die Ptolemäer griechisch sprachen, erklärten sie das Griechische zur offiziellen Landessprache. Sie betrachteten die griechische Kultur als hoch über der ägyptischen stehend. Doch da sie nun in Ägypten herrschten, wollten sie auch die ägyptische Kultur würdigen. Daher ließen sie viele Bauten im altägyptischen Baustil errichten.

Dies ist ein Teil des Isis-Tempels in Philae, der während der Ptolemäischen Periode wieder aufgebaut wurde.

DIE LETZTE KÖNIGIN

Münze mit dem Porträt des Mark Anton

Kleopatra war eine der bedeutendsten Königinnen Ägyptens. Ihre Vorfahren waren Ptolemäer, daher war sie griechischer Herkunft. Doch weil sie in Ägypten geboren worden war, betrachtete sie Ägypten als ihre Heimat. Sie war die letzte Herrscherin Ägyptens, bevor das Land seine Unabhängigkeit verlor.

DIE RÖMER

Etwa um das Jahr 100 v. Chr. machte sich rund um das Mittelmeer eine neue Großmacht breit – die Römer. Je stärker das Römische Reich wurde, umso mehr verlor Alexanders Makedonisches Reich an Einfluss. Es dauerte nicht lange, bis auch die Ptolemäer sich der Großmacht Roms unterwerfen mussten. Der römische Senat kümmerte sich jedoch wenig um die Belange Ägyptens und überließ den Ptolemäern weiterhin die Regierung. Das sollte sich allerdings bald ändern.

KLEOPATRA VII.

Als Gemahlin ihres jüngeren Bruders, Ptolemäus XIII., wurde Kleopatra VII. im Jahre 51 v. Chr. Königin von Ägypten. Sie hatte ihren Bruder nicht gern geheiratet und so kam es zwischen ihr und den königlichen Beratern bald zum Streit. Dieser ging so weit, dass es zum Bürgerkrieg kam. Der römische General Julius Cäsar kam nach Ägypten, um für Ruhe zu sorgen. Es gelang Kleopatra, ihn auf ihre Seite zu ziehen – er wurde sogar ihr Geliebter. Als Ptolemäus ermordet wurde, war Kleopatra die alleinige Herrscherin in Ägypten. Als dann auch Cäsar in Rom ermordet wurde, tat sich Kleopatra mit Mark Anton zusammen, einem seiner besten Freunde. Auch er wurde ihr Geliebter. Oktavian, Cäsars Nachfolger, begann einen Feldzug gegen Ägypten. In der Schlacht von Actium 31 v. Chr. schlug er die Armee von Kleopatra und Mark Anton.
Um den Folgen der demütigenden Niederlage zu entgehen, begingen Kleopatra und Mark Anton Selbstmord. Ägypten wurde dem Römischen Reich angegliedert.

Elizabeth Taylor als Kleopatra in dem gleichnamigen Film. Im Hintergrund ein Gemälde der Schlacht von Actium, in der Kleopatra und Mark Anton von Oktavian geschlagen wurden.

Königtum und Religion

DIE ROLLE DES KÖNIGS

Der König war nicht nur Herrscher. Er war Stellvertreter der Götter und verfügte über absolute Macht. Die Menschen glaubten sogar, dass er es regnen lassen konnte. Aber er war an das Konzept der *Ma'at*, der Gerechtigkeit, gebunden.

GÖTTLICHE HERKUNFT

Ursprünglich, so erzählte man sich, wurde Ägypten von den Göttern selbst regiert. Horus, der Falkengott, war König und Osiris Herrscher über das Jenseits. Als die Götter nicht mehr selbst über die Erde regierten, schickte Horus seinen Geist, damit dieser im König wohne. Bei seinem Tod wurde der König mit Osiris eins und der folgende König galt als lebender Horus.

KÖNIGSNAMEN

Den König wagte die Bevölkerung nicht bei seinem Namen zu nennen. Sie sprachen von „per-aa", vom „großen Haus". Daher stammt auch der Titel „Pharao". Es gab fünf Königsnamen, dazu gehörten z. B. der Geburtsname („Sohn-des-Re"-Name) und der Thronname (Njswt-bjtj-Name). Njswt-bjtj bedeutet „König von Ober- und Unterägypten". Wir verwenden normalerweise den Geburtsnamen.

Der Sarg Tutanchamuns war aus purem Gold. In seinen Händen hält Tutanchamun Krummstab und Geißel, seine Stirn schmücken Kobra und Geier.

KRONEN

Der König wird entweder mit der Roten Krone Unterägyptens, der Weißen Krone Oberägyptens oder der Doppelkrone dargestellt.

Ab dem Neuen Reich trugen Könige auch die blaue Krone (Chepresch). Sie glich eher einem Kriegshelm als einer Krone und symbolisierte die Stärke des Königs im Kampf.

Chepresch

Manchmal wurde der König auch mit der Atef-Krone dargestellt – einer hoch aufragenden, mit Straußenfedern geschmückten Krone, die bei religiösen Ritualen getragen wurde.

Atef-Krone

Der König konnte auch das rechteckige, gestreifte Nemes-Kopftuch tragen. An der Stirn prangten wie bei vielen anderen Kronen auch Kobra und Geier, die Nechbet und Wadjet symbolisierten, die Beschützerinnen des Königs.

Nemes-Tuch

KÖNIGSINSIGNIEN

Malereien und Steinmetzarbeiten zeigen Könige oft mit Königsinsignien (Symbolen der Macht). Die wichtigsten Insignien waren Krummstab und Geißel. Der Krummstab sollte symbolisieren, dass der König sein Volk wie ein Hirte beschützte. Die Geißel sollte zeigen, dass der König seine Feinde bestrafte.

In Kampfszenen wird der König mit einer Keule (einem steinernen Keulenkopf mit Holzgriff) dargestellt, mit der er seine Feinde erschlägt. Im Jenseits hält er das Anchzeichen, das „Lebenszeichen", eine Art Kreuz, das auch viele Götter tragen.

Eine Keule und ein Anchzeichen, das „Lebenszeichen"

MÄCHTIGE TIERSYMBOLE

In der ägyptischen Kunst wurde der König manchmal als starkes Tier dargestellt, z. B. als Löwe oder Sphinx. Diese Tiersymbole standen für die Macht des Königs und sollten daran erinnern, dass der König ein Gott war, der unterschiedliche Gestalten annehmen konnte.

Der König wurde auch als starker Stier dargestellt. Beim Sed-Fest („sed" bedeutet Schwanz), dem Jubiläumsfest, trug der König an seiner Kleidung einen Stierschwanz. Während des Sed-Fests musste der König z. B. einen zeremoniellen Lauf ausführen, der die Kraft des Königs beweisen, erhalten und erneuern sollte. Sed-Feste wurden normalerweise 30 Jahre nach der Thronbesteigung des Königs gefeiert. Viele Könige hielten sie aber auch schon früher ab, wenn sie z. B. merkten, dass sie schwächer wurden, oder wenn das Land schwierige Zeiten überstanden hatte.

DIE ROLLE DER KÖNIGINNEN

Der König hatte eine Große königliche Gemahlin und viele Königsgemahlinnen. Die Große königliche Gemahlin war oft die Schwester oder die Halbschwester des Königs. Frühe Steinmetzarbeiten stellen die Königinnen oft sehr klein dar, weil sie nicht so wichtig waren wie der König. Im Neuen Reich gewannen sie jedoch an Bedeutung: Sie wurden als Verkörperung der Göttin Hathor angesehen, der Frau des Falkengottes Horus.

Königin Hatschepsut ist hier als Sphinx dargestellt, ein Ausdruck ihrer Macht.

Das Sed-Fest vor der Stufenpyramide von Sakkara. Mit dem rituellen Lauf beweist der König, dass er noch in guter körperlicher Verfassung ist.

Weiße Krone Oberägyptens

Wie alle Feste in Ägypten hatte das Sed-Fest, an dem auch Priester teilnahmen, religiöse Bedeutung.

REGIERUNG UND MACHT

Der König besaß zwar absolute Macht, aber er delegierte auch viele Aufgaben. Die ägyptische Verwaltung war sehr gut organisiert. Es gab viele Verwaltungszweige, Ämter und Beamte. Für die meisten Vorgänge gab es genaue Vorschriften und alles wurde schriftlich festgehalten.

DIE VERWALTUNGS-STRUKTUR

Die Verwaltung des alten Ägypten war „zentralisiert". Der König traf alle wichtigen Entscheidungen. Die Leiter der einzelnen Verwaltungszweige waren dafür zuständig, dass die Anweisungen des Königs ausgeführt wurden.

Damals war es nicht einfach, hoher Beamter zu werden. Die meisten wichtigen Ämter blieben innerhalb einer Familie. Wenn Eltern ihren Kindern aber eine Ausbildung finanzierten und ein Kind begabt war, dann konnte es sich in der Hierarchie nach oben arbeiten.

Die Zeichnung zeigt den Verwaltungsaufbau. An der Spitze stand der König. Nach ihm kamen die Wesire, denen alle anderen unterstanden.

ÄMTER UND VERWALTUNGSZWEIGE

Die höchsten Beamten nach dem König waren die beiden Wesire (von Ober- und Unterägypten) und der Vizekönig von Kusch, der Nubien regierte. Die Wesire empfingen Gäste und hatten die Aufsicht über den Einzug der Steuern sowie über Bewässerungs- und Bauprojekte. Den Wesiren unterstanden die Armee, die Priester, die Rechtssprechung und alle Verwaltungszweige. Die größten Verwaltungszweige waren die Schatzhausverwaltung, die Scheunenverwaltung und das Bauwesen.

Regierungsbeamte legen fest, wie viel Steuern ein Bauer an den König entrichten muss.

STEUERN UND ZAHLUNGSMITTEL

Bis zur Herrschaft der Perser in Ägypten gab es in Ägypten kein Geld und auch keine Münzen, wie wir sie kennen. Die Menschen bezahlten mit Naturalien, also mit Waren oder mit ihrer Arbeit. Sie mussten einen Teil dessen, was sie anbauten oder herstellten, an die Verwaltung abgeben.

Die Ägypter mussten auch einen Teil ihrer Zeit opfern und Frondienst leisten. Der Frondienst war sehr gut organisiert und Fronarbeiter wurden für viele Aufgaben eingesetzt, vom Ausheben von Bewässerungskanälen bis zur Ausführung von Bauprojekten. Ohne die Fronarbeiter wären die Pyramiden nie gebaut worden.

PRIESTER UND GENERÄLE

In zwei anderen Bereichen des ägyptischen Lebens gab es einige der einflussreichsten Positionen: in den Tempeln und in der Armee.

Diese Statue aus Sykomorenholz wurde in Sakkara gefunden. Sie zeigt den Priester Kaaper und ist auch als der „Dorfschulze" bekannt.

Der König brauchte die Armee, damit Ägypten stark blieb. Deshalb waren die Armeegeneräle sehr mächtig. Manchmal wurden sie sogar selbst Könige wie z. B. Haremhab und Ramses I.

Die Tempel waren nicht nur für den Gottesdienst wichtig, sondern auch für die Verwaltung. Die Priester nahmen im Auftrag des Königs Steuern entgegen. Und deshalb waren auch die Hohepriester sehr mächtig.

Einige Generäle konnten sich solche goldenen Totenmasken leisten.

GERICHTE

Bei Streitigkeiten konnten die Ägypter ein Gericht anrufen. Menschen, die bestimmter Vergehen oder Verbrechen angeklagt waren, erhielten eine gerechte Verhandlung. Manchmal wurden sie aber auch gefoltert. Dadurch wollte man herausfinden, ob sie die Wahrheit sagten. Wenn ein Konflikt nicht gelöst wurde, dann konnte der Fall vor den Wesir oder sogar vor den König gebracht werden. Das Beobachten der Verhandlungen war ein beliebter Zeitvertrieb.

Für verurteilte Straftäter gab es eine ganze Reihe von Strafen. Bei schwerwiegenden Verbrechen, konnten sie hingerichtet oder verstümmelt werden (dabei wurden ihnen Nase, Ohren oder Hände abgehackt). Auf einfachere Vergehen standen Stockschläge, Strafzahlungen oder auch die Verbannung an einen abgelegenen Ort.

Ein Richtergremium entschied, ob der Angeklagte schuldig oder unschuldig war.

Schreiber hielten alles schriftlich fest.

Der Angeklagte musste sich die Anklage anhören, aber er konnte sich auch verteidigen.

Dieser Mann verliest die Anklage.

STREITKRÄFTE

Solche goldenen Fliegen waren militärische Auszeichnungen. Sie wurden für besondere Tapferkeit im Kampf verliehen.

Im Verlauf der Geschichte war die ägyptische Armee unterschiedlich groß und verschieden strukturiert. In manchen Zeiten gab es kein stehendes Heer und in anderen gab es einige kleinere lokale Einheiten. Im Neuen Reich hatte Ägypten aber eine eindrucksvolle Armee, die viele vorderasiatische Reiche in Angst und Schrecken versetzte.

ERSTE ARMEEN

Im Alten Reich besaß Ägypten nur eine kleine Berufsarmee. In den Provinzen hatten die lokalen Herrscher Truppen, über die der König bei Bedarf verfügen konnte. Möglicherweise entstand die erste richtige nationale Streitmacht in der 12. Dynastie unter den Königen des Mittleren Reichs. Damals war die Armee aber wahrscheinlich noch sehr klein.

SÖLDNER AUS NUBIEN

Schon in der 6. Dynastie waren Nubier aus dem Süden Söldner in der ägyptischen Armee. Söldner kämpfen für ein fremdes Land und werden dafür bezahlt. Im Neuen Reich sorgte ein nubischer Stamm, die Medjai, für Recht und Ordnung. Später bedeutete das Wort „Medjai" Polizei.

Diese Figuren stellen nubische Soldaten dar. Sie wurden in einem Grab aus der Zeit des Mittleren Reichs gefunden.

Die Soldaten trugen Pfeil und Bogen. Die Nubier waren geschickte Bogenschützen.

DER AUFBAU DER ARMEE

Während des Neuen Reichs zog Ägypten regelmäßig in den Krieg. Man führte neue Waffen und den Streitwagen ein und die Armee wurde nach und nach ein wichtiger Bestandteil der ägyptischen Hierarchie. Der König war oberster Heerführer. Darunter gab es noch eine ganze Reihe weiterer Ämter, vom militärischen Berater des Königs bis zur einfachen Nachschubversorgung der Truppe. Auch eine Flotte stand zur Verfügung, die Truppen transportierte und die Mittelmeerküste verteidigen sollte.

Im Neuen Reich war die Armee in Divisionen aufgeteilt, die nach ägyptischen Göttern benannt waren (z. B. nach Amun, Re oder Seth). Jede Division hatte 4000 Fußsoldaten und 500 Streitwagen. Der Streitwagen war immer mit zwei Männern besetzt – der eine lenkte und der andere kämpfte.

In der Schlacht kämpften die erfahrenen Soldaten an vorderster Front, die Rekruten kamen hinter ihnen. Die schnellen und wendigen Streitwagen kamen überall dort zum Einsatz, wo sie gebraucht wurden. Außerdem gab es Standartenträger und auch Trompeter, die mit ihren Signalen Befehle übermittelten.

Diese Wandmalerei zeigt Soldaten. Einige erhalten ihre Waffen, anderen werden die Haare geschnitten.

ENTBEHRUNG UND BELOHNUNG

Das Armeeleben war sehr hart. Die Soldaten wurden auf lange Märsche geschickt und mussten regelmäßig an Ringkämpfen teilnehmen. Soldaten, die die erbitterten und blutigen Schlachten überlebten, waren oft verstümmelt oder entstellt. Aber das Armeeleben hatte auch seine Vorteile. Soldaten wurden für ihre Tapferkeit mit wertvollen Gegenständen wie z. B. Gold- oder Silberwaffen, Edelsteinen oder goldenen Fliegen ausgezeichnet. Wenn sie einen Feind besiegt hatten, erhielten sie auch einen Teil der Beute.

Die Mumie Sekenenres, eines thebanischen Fürsten, der gegen die Hyksos kämpfte, weist schwere Kopfverletzungen auf. Wahrscheinlich stammen sie aus einer Schlacht.

Teil einer ägyptischen Armeedivision. An der Spitze stehen die Streitwagen und dahinter dichte Reihen von Fußsoldaten.

HANDEL UND DIPLOMATIE

Ägypten hatte an den umliegenden Reichen ganz unterschiedliche Interessen. Es wollte nicht nur seine Macht in der Region behaupten, es musste auch die Handelsrouten schützen, über die es mit wichtigen Waren versorgt wurde. Deshalb überwachten die Könige die Ein- und Ausfuhr sehr genau und ihre Boten und Gesandten kümmerten sich oft um Handelsvereinbarungen und diplomatische Angelegenheiten.

IMPORT UND EXPORT

Ägypten exportierte viele Rohstoffe und Erzeugnisse: Getreide, Wein, Leinen, Papyrus und es war berühmt für sein Gold. In anderen Reichen glaubte man daher, dass es in Ägypten Unmengen von Gold gab. In einem der Amarna-Briefe (rechte Seite) wird der ägyptische König z. B. gebeten dem Absender des Briefes Gold zu schicken, denn in Ägypten gebe es so viel Gold wie Sand. Tatsächlich stammte das Gold jedoch hauptsächlich aus Nubien.

Ägypten führte viele Waren aus Vorderasien, Griechenland und Zypern ein – Öl und Harze, Silber, Kupfer, Sklaven und Pferde. Aus Punt erhielt es Myrrhebäume und andere exotische afrikanische Güter. Aus den baumbestandenen Bergen des Libanon kam etwas, wovon es in Ägypten nur sehr wenig gab – Holz.

DER REISEBERICHT DES WEN-AMUN

Der Reisebericht des Wen-Amun wurde am Ende des Neuen Reichs (ca. 1070 v. Chr.) niedergeschrieben. Er handelt von einem Hallenältesten eines ägyptischen Tempels und zeigt, dass Handel und Diplomatie eng miteinander verknüpft waren.

Wen-Amun sollte aus Byblos im Libanon Zedernholz holen und wurde unterwegs ausgeraubt. Als er endlich in Byblos ankam, wollte ihn der dortige Fürst des Landes. verweisen. Wen-Amun bekam das Holz dann zwar noch, aber zu einem sehr hohen Preis.
Dieser Bericht zeigt, wie die Macht Ägyptens am Ende des Neuen Reichs zu bröckeln anfing und andere Reiche keine Angst mehr hatten, Ägypten zu verärgern.

TRIBUTZAHLUNGEN

Im Neuen Reich mussten Länder, die von Ägypten erobert worden waren, Tributzahlungen leisten. Verweigerten sie diese, griffen die Ägypter auf „diplomatische" Tricks zurück. Sie holten z. B. die Kinder ausländischer Fürsten nach Ägypten. Dort wurden sie gut behandelt und erhielten eine vorzügliche Erziehung und Ausbildung, damit sie sich später in ihrer Heimat für gedeihliche Beziehungen zu Ägypten einsetzten.

In Nubien war das anders. Die meiste Zeit der ägyptischen Geschichte war Nubien ein von den Ägyptern erobertes Gebiet. Den Ägyptern lag sehr viel an diesem Land, weil es dort Gold gab. Am Anfang lehnten sich die Nubier noch gegen Ägypten auf. Mit der Zeit erkannten sie aber, dass die Anbindung an Ägypten auch Vorteile hatte, und sie übernahmen ägyptische Bräuche.

Die Ägypter wollten die besten Produkte eines Landes als Tributzahlungen.

Dem ägyptischen König mussten alle großen Respekt bezeugen.

Afrikanische Händler mit Elfenbein, Tierfellen, Pavianen und anderen Gütern.

Dieses Relief zeigt einen libyschen Gefangenen, der nach Ägypten gebracht wird. Seine Hände sind auf dem Rücken gefesselt.

DIE AMARNA-BRIEFE

Die Amarna-Briefe sind etwa 350 Keilschrifttafeln aus Ton, die in Achetaton (Tell el-Amarna), der Hauptstadt Echnatons (siehe S. 26), gefunden wurden. Meist sind es Briefe an den König von Ägypten, geschrieben von den Königen und Fürsten aus Assur, Babylon, Mitanni, Zypern, Palästina, Syrien und Hatti.

Die Keilschrifttafeln sind in akkadischer Sprache verfasst, der damaligen Diplomatensprache. Die mächtigeren Könige nannten den ägyptischen König „Bruder" und manchmal waren sie verärgert.

Die Tontafeln der Amarna-Briefe waren so klein, dass sie ein Bote um den Hals tragen konnte.

In einem der Briefe zeigt sich der König von Mitanni erzürnt, weil der ägyptische König seinen Boten sechs Jahre in Ägypten zurückgehalten hatte. Unbedeutendere Könige benutzten eine ehrfürchtigere Anrede und grüßten den ägyptischen König als „Meinen Gott" oder „Großen König". Sie baten um Hilfe oder versuchten Ägypten gegen ihre Rivalen aufzubringen.

DIE ÄGYPTISCHE RELIGION

Die ägyptische Religion bestand aus vielen verschiedenen Vorstellungen. In der frühen ägyptischen Geschichte gab es in der vordynastischen Zeit dutzende verschiedener Götter. Einige wurden von den Menschen nur in ihren Häusern verehrt, andere nur in bestimmten Gebieten und wieder andere in ganz Ägypten. Und es gab auch viele verschiedene Mythen – und sogar von den bekanntesten gab es unterschiedliche Versionen.

Dieses Bild zeigt den Sonnengott Re in seiner Barke bei seiner täglichen Fahrt über den Himmel.

DAS WESEN DER GÖTTER

Die meisten Götter der Ägypter verkörperten einen bestimmten Gegenstand oder eine Tätigkeit wie z. B. die Einbalsamierung (Anubis), den Mond (Chons) oder das Wasser (Sobek). Einige standen für abstrakte Ideen wie z. B. Gerechtigkeit und Harmonie (Ma'at) oder Weisheit (Thot).

Viele wurden auch mit einem bestimmten Tier, einem Vogel oder einer Pflanze in Verbindung gebracht und auf vielfältige Weise dargestellt. Hathor wird z. B. als Kuh, als Frau oder als Frau mit Kopf oder Ohren einer Kuh abgebildet.

Statue des Anubis, des Gottes der Einbalsamierung

Osiris

Isis

Nephthys

Hathor

DIE SCHÖPFUNGS-MYTHEN

Der bekannteste ägyptische Schöpfungsmythos entstand in der Stadt Heliopolis. Am Anfang, so hieß es, war nichts als Chaos. Daraus erschuf sich der Sonnengott Re (oder Ra) selbst. Danach machte er alles andere. Als Erstes schuf er Schu (Luft) und Tefnut (Feuchtigkeit). Schu und Tefnut hatten zwei Kinder, Geb (Erde) und Nut (Himmel).

Geb und Nut hatten vier Kinder: Osiris, Isis, Seth und Nephthys. Osiris und Isis waren die Eltern des Falkengottes Horus und der gemeinsame Sohn von Nephthys und Osiris war Anubis, der schakalköpfige Gott der Einbalsamierung. Horus' Frau war Hathor, die Göttin der Liebe, der Freude und der Geburt.

Jeden Tag fuhr Re mit seiner Barke (einem Boot) über den Himmel. Und jede Nacht durchquerte er in dieser Barke die Unterwelt. Dort musste er Apophis besiegen, den schlangenköpfigen Gott der Finsternis. Erst dann konnte er am nächsten Morgen wieder seine Fahrt über den Himmel antreten.

ISIS UND OSIRIS

Osiris folgte seinem Vater Geb auf den Thron und war ein gütiger und gerechter Herrscher. Sein Bruder Seth war aber eifersüchtig und beschloss Osiris zu töten. Er machte einen Sarg, in den nur Osiris passte, lockte ihn in den Sarg, klappte dann schnell den Deckel zu und warf ihn in den Nil. Er trieb bis ins Meer und Seth war überzeugt, dass er seinen Bruder besiegt hatte.

Aber Isis, die Schwester und Frau des Osiris, suchte rastlos nach seinem Leichnam. Sie fand den Sarg und brachte ihn zurück nach Ägypten. Seth war wütend. Er nahm den Leichnam, hackte ihn in 14 Stücke und vergrub jedes Stück an einer anderen Stelle entlang des Nils. Aber auch jetzt gab Isis nicht auf. Mit Hilfe ihrer Schwester Nephthys fand sie 13 Körperteile und Anubis half ihr Osiris' Körper wieder zusammenzufügen. Er wurde für kurze Zeit zum Leben erweckt und zeugte mit Isis den Sohn Horus. Dann machte ihn Re zum König der Unterwelt.

Isis versteckte Horus vor Seth in den Deltasümpfen, bis er alt genug war den Tod seines Vaters zu rächen. Nach langen Kämpfen besiegte Horus Seth und Horus wurde König von Ägypten. Deshalb glaubten die Ägypter, dass der Geist des Horus in jedem neuen König wohnte, und wenn ein König starb, so glaubten sie, wanderte sein Geist ins Jenseits und verband sich dort mit dem Geist des Osiris.

Horus gewann den Kampf mit Seth, aber er verlor dabei ein Auge.

Udjat-Auge oder „Horus-Auge"

DAS HORUS-AUGE

Eines der beliebtesten ägyptischen Amulette war das Udjat-Auge oder „Horus-Auge". In seinem Kampf mit Seth verlor Horus ein Auge, doch der Gott Thot heilte es wieder. Deshalb wurde dieses Auge zu einem Symbol für Heilung, Gesundheit und Lebenskraft. Aber es war auch ein Symbol des Opfers, weil Horus es im Kampf gegen das Böse verloren hatte.

NOCH MEHR MYTHEN

Die ägyptische Religion veränderte sich im Laufe der Zeit immer wieder. Götter wurden wichtiger und traten dann wieder in den Hintergrund. Die Mythen entwickelten sich weiter oder verschmolzen miteinander. Oft kam es zu diesen Veränderungen, wenn sich die Machtverhältnisse in Ägypten verschoben. Der Aufstieg Thebens hatte beispielsweise große Auswirkungen auf die Religion im ganzen Land.

Die Göttin Ma'at wird oft mit ausgebreiteten Flügeln dargestellt, als Symbol von Gleichgewicht und Harmonie.

DER MYTHOS VON HERMOPOLIS

Die Stadt Hermopolis hatte ihren eigenen Schöpfungsmythos. Am Anfang, so hieß es in diesem Mythos, herrschten Ma'at (die Göttin der Gerechtigkeit, Ordnung und Wahrheit) und ihr Mann Thot (der ibisköpfige Gott der Schreiber und der Weisheit) über die Erde. Ihre Kinder waren vier Zwillingspaare – Nun und Naunet, Heh und Hehet, Keku und Kekuit sowie Amun und Amaunet.

Amun

Thot

Diese acht Götter waren die Schöpfergottheiten. Nur Amun wurde zu einem der großen Götter, aber auch Ma'at und Thot wurden in ganz Ägypten als wichtige Götter verehrt. Sie spielten eine besondere Rolle beim Jenseitsgericht, das über das Schicksal der Toten im Jenseits entschied, und man nahm an, dass sie Re begleiteten, wenn er den Himmel täglich in seiner Barke überquerte.

Mut

Chons

DIE GÖTTER VON THEBEN

Am Ende des Alten Reichs war Amun der Gott von Theben. Bis zum Neuen Reich war er in anderen Teilen Ägyptens nicht besonders wichtig. Als dann die thebanischen Herrscher an die Macht kamen, wurde Amun allmählich im ganzen Land verehrt.

Amuns Frau war ursprünglich seine Zwillingsschwester Amaunet, aber in Theben wurde sie durch die Muttergöttin Mut ersetzt. Mut und Amun hatten einen Sohn, Chons, den Mondgott. Amun, Mut und Chons werden als die „Thebanische Triade" bezeichnet (eine Triade ist eine Dreiergruppe). Als der Amun-Kult immer bedeutender wurde und sich von Theben aus in den Norden verbreitete, wurde Amun mit Re gleichgesetzt und die beiden verschmolzen zu Amun-Re, dem König der Götter.

DER BLUTSTROM

In einem anderen Mythos ist Gott Re auf die Menschen wütend, weil sie ihm ungehorsam waren. Zur Strafe schickt er ihnen die Löwengöttin Sachmet. Es beginnt ein schreckliches Gemetzel, als sie die Menschen tötet und verschlingt. Re hat bald Mitleid mit den Menschen und bereut seine Strafe. Er versucht Sachmet zurückzurufen, aber sie ist im Blutrausch und will nicht aufhören. Während sie schläft, gießt Re Bier in den Nil und der Fluss wird rot wie Blut. Als Sachmet aufwacht, glaubt sie, dass der Fluss voller Blut ist und trinkt gierig daraus. Weil sie aber in Wirklichkeit Bier trinkt, wird sie betrunken und findet keinen Geschmack mehr an den Menschen. Dann verwandelt sie sich in Hathor, die Frau des Horus und die Göttin der Liebe (siehe Seite 48).

Im Mythos von Re und Sachmet ist Sachmet eine grausame Löwin, die alle Menschen in ihrer Nähe tötet.

ANDERE GÖTTER

Sobek war der Krokodilgott, der Gott des Wassers. Er wurde im Faiyum und in Kom Ombo verehrt.

Bastet war die Katzengöttin, die die Heilkraft der Sonne symbolisierte.

Chnum hatte einen Widderkopf und wurde als Töpfer dargestellt, der die Menschen auf seiner Töpferscheibe formte.

Imhotep (siehe S. 18) war einer der wenigen Menschen, die nicht aus einer Königsfamilie kamen und trotzdem als Gott galten. Er wurde von den Schreibern verehrt und galt auch als Gott der Heilkunst.

IM TEMPEL

Im ägyptischen Alltag spielten die großen Tempel eine wichtige Rolle. In das Allerheiligste der Tempel durften jedoch nur die Könige und die Priester. Die Aufgaben der Priester reichten vom Unterricht über die Verwaltung bis zur Organisation von Bauprojekten. Einige arbeiteten nur im Tempel, andere auch außerhalb.

Auf Wandmalereien erkennt man Priester an ihrem kahl rasierten Kopf. Diese Szene zeigt, wie ein Priester im Jenseits einem Adligen heiliges Wasser und Weihrauch reicht.

TEMPELAUFBAU

Alle Tempel hatten etwa denselben Aufbau, weil die Ägypter glaubten, dass die Götter am Anfang der Welt den ersten Tempel entworfen hatten.

Jeder Tempel war von einer Mauer umgeben. Das Haupttor („Pylon") führte zu einem offenen Tempelhof. Bis dorthin durfte das einfache Volk gehen. Dahinter wurde es im Tempel immer dunkler und geheimnisvoller. Danach kam ein Säulensaal, das „Hypostyl". Hier standen Papyrussäulen eng nebeneinander, sie sollten den Eindruck eines Papyrusdickichts erwecken. Licht fiel nur durch kleine Fenster im oberen Bereich der Tempelmauern. Im Allerheiligsten, dem „Naos", war es sogar noch dunkler. Darin stand eine Statue des Gottes, normalerweise aus Stein, die aber oft mit Edelmetallen oder Edelsteinen verziert war. Um den Naos herum waren noch andere Räume wie z. B. Magazinkammern gruppiert.

Zu jedem Tempel gehörte auch ein heiliger See, wo sich die Priester reinigten.

Blick in das Innere eines Tempels

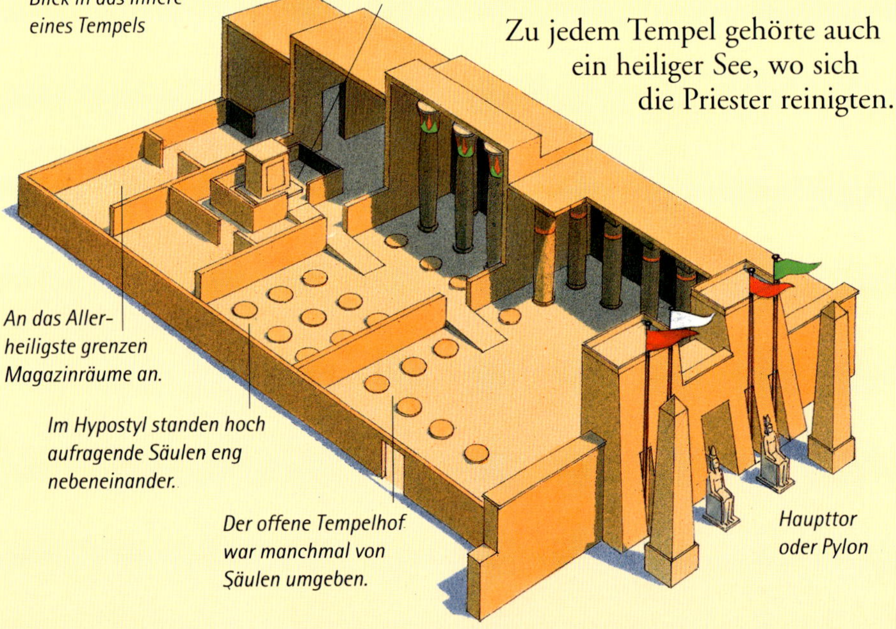

PRIESTERAUSBILDUNG

Theoretisch war der König der Einzige, der sich den Göttern nähern durfte. Da er aber nicht überall gleichzeitig sein konnte, übernahmen Priester die Aufgaben des Königs im Tempel. Zum Priester wurde man ausgebildet, und das war gar nicht so einfach.

Wichtige Priester waren den ganzen Tag im Tempel tätig. Die meisten einfachen Priester arbeiteten aber etwa acht Monate des Jahres noch in anderen Berufen. Einige kümmerten sich um die Verwaltung und die Organisation des Tempellebens.

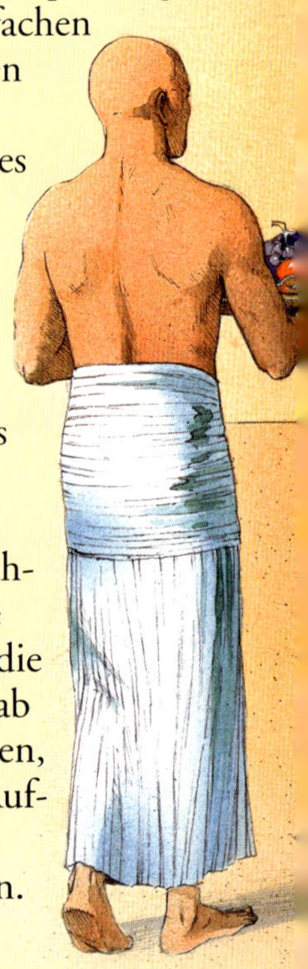

Bei der Durchführung der Rituale wechselten sich die Priester ab. Es gab auch Priesterinnen, die bestimmte Aufgaben innerhalb des Kultes hatten.

Die Priester und Priesterinnen trugen nur feinstes weißes Leinen.

Durch das schräg von oben einfallende Licht wurden die hoch aufragenden Säulen des Hypostyls in ein faszinierendes Spiel von Licht und Schatten getaucht.

DAS TÄGLICHE RITUAL

Die Ägypter glaubten, dass die Götter ihren Geist in die Tempelstatue entsandten, die die Priester mit Essen, Trinken und Leinen versorgten. Im heiligen See hatten sich Priester mindestens zweimal am Tag zu reinigen und sie mussten sich am ganzen Körper rasieren.

Jeden Morgen weckten die Priester den Gott mit einer Hymne. Sie öffneten das Allerheiligste, reinigten und kleideten die Statue. Dann wurden die Opfer dargebracht.
Nur das beste Fleisch, Obst und Gemüse durften verwendet werden. Es wurde Weihrauch verbrannt und es gab Darbietungen von Sängerinnen und Tänzerinnen.
Dieses Ritual wurde dreimal am Tag wiederholt.

In den Tempeln arbeiteten professionelle Musikerinnen und Tänzerinnen.

Tagsüber standen die Türen zum Allerheiligsten offen. Man konnte dann durch das Haupttor bis ins Allerheiligste sehen. Nachts verschlossen die Priester die Türen und zogen sich ehrfürchtig zurück. Beim Gehen beseitigten sie ihre Fußspuren, damit sie nachts nicht von einem Dämon missbraucht werden konnten.

PRACHTVOLLE GOTTESHÄUSER

Götter und Könige spielten im alten Ägypten eine wichtige Rolle. Das spiegelte sich auch in der Pracht der Tempel wieder. An deren Bau arbeiteten tausende von Menschen mit. Die Handwerker hatten nur einfache Werkzeuge, sie waren aber sehr geschickt.

STEINE FÜR DIE GÖTTER

Die Steine für die Tempel wurden in Steinbrüchen gebrochen. Diese Arbeit war sehr anstrengend. Oft wurden Kriegsgefangene oder Verbrecher dafür eingesetzt. Granit ist sehr hart und war deshalb am schwierigsten zu brechen. Kalkstein und Sandstein waren weicher, deshalb wurden auch die meisten Tempel aus diesen Materialien erbaut. Granit nahm man eher für Objekte wie die spitz zulaufenden Obelisken.

Der Amun-Tempel in Karnak besteht hauptsächlich aus Kalkstein, der leicht zu bearbeiten ist.

MUSKELKRAFT

Hunderte von Männern waren nötig, um die riesigen Steinblöcke zum Tempelgelände zu bringen. Auf hölzernen Rollen und mit Seilen wurden die Blöcke zum Fluss transportiert, wo man sie dann mit dem Schiff weiterbeförderte. Auf dem Bauplatz wurden die Steine zu der gewünschten Form weiterbehauen.

BAUBEGINN

Bei der zeremoniellen Tempelgründung war der König anwesend. Mit den Ritualen des Seilspannens und des Einschlagens der Pflöcke legte er den Tempelgrundriss fest, während die Königin die Rolle der Seschat übernahm, der Göttin der Schreibkunst, die die Handlungen des Königs schriftlich festhielt.

Dann wurde die erste Steinreihe gelegt und das Tempelinnere mit Schutt gefüllt. An der Außenseite wurde eine Rampe errichtet, auf der man die Steine für die nächste Lage nach oben zog. Das Innere wurde wieder mit Schutt aufgefüllt und die Rampe dann wieder erhöht. Hatte man schließlich die geplante Höhe erreicht, kam das steinerne Dach darauf.

ARCHITEKTONISCHE DETAILS

Nun wurden der Schutt und die Rampe Schicht für Schicht abgetragen und die Handwerker fingen an den Tempel von oben nach unten auszuschmücken. Die Steinsäulen verzierte man so, dass sie aussahen wie Palmstämme oder wie Papyrusbündel. Die oberen und unteren Enden des Säulenschafts wurden so gestaltet, dass sie Lotosblätter und Lotosblüten, Papyrusblüten oder Palmwedel darstellten.

Zwei Muster für Säulendekorationen

Während der Tempel noch voller Schutt war, wurde mit der Dekoration begonnen.

Die Handwerker standen auf dem Schutt und verzierten den Tempel.

Das Abtragen des Schutts war eine gewaltige Aufgabe, für die man man viele Männer brauchte.

SKULPTUREN

In keinem Tempel durften große Steinstatuen der Götter und Könige fehlen. Zuerst wurden die Steine grob bearbeitet, dann die Einzelheiten vorgezeichnet und von einem Bildhauer mit Kupfer- oder Bronzemeißeln ausgearbeitet. Die fertigen Statuen überzog man mit einer feinen Stuckschicht und bemalte sie.

RELIEFS

Die Tempelwände verzierte man mit Reliefs. Es gab zwei verschiedene Typen: erhabene und versenkte Reliefs. Bei beiden folgten die Bildhauer der Vorzeichnung eines Umrisszeichners auf dem Stein. Erhabene Reliefs hoben sich von ihrem Hintergrund ab, dabei wurde der Stein außen um die Zeichnung herum abgearbeitet.
Bei versenkten Reliefs wurden die Figuren und Inschriften tief in den Stein gearbeitet. Zum Schluss bemalte man die Reliefs in kräftigen Farben.

Erhabenes Relief

Versenktes Relief

MALEN NACH REGELN

Im alten Ägypten gab es genaue Vorschriften, wie ein Bild angefertigt werden musste. Die Darstellung entstand nach einem bestimmten Raster. Menschen hatten immer dieselben Proportionen und wurden von Kopf bis Fuß in ein Netz aus 18 Quadraten (Bildteilen) aufgeteilt. Im Neuen Reich bestand das Raster dann aus 21 Quadraten. Schultern und Augen wurden von vorne dargestellt, Kopf, Körper und Beine aber von der Seite.

Mit Hilfe eines Rasters skizzierten Umrisszeichner eine Szene vor.

DIE GROSSEN KULTTEMPEL

Alle wichtigeren ägyptischen Götter hatten Tempel entlang des Nils. Diese Tempel wurden als „Kulttempel“ bezeichnet, weil dort ein bestimmter Gott verehrt wurde. Jedes Tempelgelände war der irdische „Wohnort“ des jeweiligen Gottes. Deshalb errichtete man neue Tempel über den Ruinen der älteren.

KARNAK UND LUXOR

Karnak und Luxor befinden sich auf dem Gelände der altägyptischen Stadt Theben. Der Amun-Tempel von Karnak ist der größte noch stehende Tempel in Ägypten. Der Tempel in seiner heutigen Form wurde von Thutmosis I. begonnen. Viele spätere Könige erweiterten das ursprüngliche Gebäude, vor allem durch Höfe und Pylonen, sodass die ältesten Gebäudeteile in der Mitte des Tempels liegen.

In Karnak gab es auch einen Tempel für Mut, die Frau Amuns, für Chons, seinen Sohn, und einen großen heiligen See. Heute findet an diesem See eine „Ton- und Lichtshow“ zur Geschichte des Tempels statt.

Der Luxor-Tempel, nicht weit von Karnak entfernt, war auch Amun geweiht. Wie in Karnak wurde ein Großteil der erhaltenen Tempelbauten während des Neuen Reichs errichtet. Die beiden Tempel waren ursprünglich durch eine prächtige, von Sphinxen flankierte Allee verbunden.

Ansicht des heutigen Luxor-Tempels mit dem Nil im Hintergrund

EDFU UND DENDERA

Bereits im Alten Reich standen der Haupttempel des Horus in Edfu und der Hathor in Dendera. Die Tempel, die dort heute noch stehen, wurden aber erst von den Ptolemäern erbaut.

In diesen beiden Tempeln wurde jedes Jahr ein großes gemeinsames Fest gefeiert – die zeremonielle Vereinigung der beiden Götter. Umjubelt von den Menschen am Nilufer, reiste Hathor dann in ihrer Barke den Nil hinauf nach Edfu.

ANDERE TEMPEL

Heute stehen nur noch einige der vielen Tempel, die es früher einmal entlang des Nil gab. Die Tempel im Delta haben die Zeit nicht so gut überdauert, weil der fruchtbare Schlamm der Nilüberflutungen die Ruinen unter sich begrub. Es gab z. B. in Heliopolis einen großen Re-Tempel und in Memphis einen Ptah-Tempel.

Zwei der heute noch existierenden Tempel sind der Isis-Tempel von Philae und der Tempel von Kom Ombo, der ungewöhnlicherweise zwei Göttern geweiht war: Sobek und Haroëris (dem älteren Horus).

Eine Tempelanlage, die sich von allen anderen unterscheidet, ließ Ramses II. in Abu Simbel errichten. Die beiden Tempel dort sind einzigartig, weil sie nicht der Herrlichkeit eines Gottes, sondern dem Glanz und Ruhm eines Königs gewidmet waren.

Amun, Mut und Chons hatten eigene Flussschiffe, in denen sie von Karnak nach Luxor gebracht wurden. Hier sieht man das Flussschiff des Amun.

FESTE ZU EHREN AMUNS

Im Laufe eines Jahres wurden für Gott Amun zwei wichtige Feste gefeiert – das hier dargestellte Opet-Fest und das Schöne Fest vom Wüstental, bei dem der Gott zu den Gräbern und Totentempeln am Westufer gebracht wurde.

Während des Opet-Fests reisten die Götter im Beisein vieler Zuschauer in einer prachtvollen Prozession nach Luxor.

Die Statue des Amun wurde in einer Barke zu seinem Flussschiff gebracht.

RELIGION IM ALLTAG

Obwohl das einfache Volk normalerweise nicht in die großen Tempel durfte, waren die Ägypter in ihrem Alltag doch ständig von ihrer Religion umgeben. Sie glaubten, dass sich sogar die wichtigsten Götter wie z. B. Amun und Hathor für ihr Leben und ihr Verhalten interessierten. Sie waren abergläubisch und suchten bei einfachen alltäglichen Ereignissen nach einer tieferen Bedeutung.

Der zwergengestaltige Gott Bes mit der Löwenmähne beschützte die Kinder und das Haus.

ORTE DER ANBETUNG

Tempel waren die Wohnungen der Götter auf Erden. Deshalb beteten die Menschen vor diesen Tempeln. Zur Verehrung eines Gottes mussten sie aber nicht zu einem der großen Tempel gehen. Jedes Dorf hatte seine eigenen Schreine, die bestimmten Göttern geweiht waren. Hier konnten die Menschen beten oder Opfer darbringen. An den Schreinen oder Tempeln stellten die Menschen oft Steinplatten auf, so genannte Stelen, in die Ohren eingemeißelt waren, damit die Götter ihre Gebete erhörten. Diese Stelen nennt man „Ohrenstelen“.

Auch in ihren Häusern hatten die Menschen kleine Schreine, die oft in Wandnischen untergebracht waren. Sie waren ihren Vorfahren oder Hausgöttern wie z. B. Bes oder Taweret geweiht.

Die Nilpferdgöttin Taweret war die Göttin schwangerer Frauen und der Geburt.

FRAGEN AN DIE GÖTTER

Den Willen der Götter fand man am einfachsten heraus, wenn man einen Schreiber eine bestimmte Frage aufschreiben ließ. Diese Frage gab man einem Priester, der sie in den Tempel brachte, wo der Gott sie beantwortete. Diesen Vorgang nannte man die „Befragung eines Orakels“. Im Tempel gab zwar der Priester die Antworten, aber er glaubte, dass er dazu von den Göttern inspiriert sei. Wenn ein Gebet erhört wurde, dann hinterließen die Menschen ein Dankopfer im Tempel.

An Festtagen trugen die Priester die Statue des Gottes in einer Barke nach draußen, wo die Menschen sangen, niederknieten oder nach vorne eilten, um eine Frage zu stellen. Die Antwort („Ja“ oder „Nein“) wurde durch die Bewegung der Barke angezeigt. Bei einem „Ja“ bewegte sich die Statue vor oder zurück oder wurde plötzlich schwer und die Träger gingen in die Knie.

Einige Amulette wie z. B. diese goldenen Eidechsen trug man an Hals- oder Armbändern.

HEILIGE TIERE

Die Menschen glaubten, dass die Götter ihren Geist in die Tiere entsenden konnten, die für diese Götter standen. In der Spätzeit traf diese Vorstellung für ganze Tierklassen zu – man glaubte z. B., dass der Geist der Göttin Bastet in jeder Katze wohnte. Tote Katzen wurden einbalsamiert und viele auf Tierfriedhöfen wie z. B. dem in Sakkara bestattet. Dort fand man Millionen mumifizierter Tiere wie z. B. Vögel, Hunde und Katzen.

Dies sind mumifizierte Tiere – eine Katze, ein Hund oder Schakal und ein junges Kalb.

Unten weitere Amulette, die oft die Form eines Hieroglyphenzeichens hatten

MAGIE, TRÄUME UND OMEN

Die Menschen glaubten, dass sie von den Mächten des Guten und des Bösen umgeben waren. Es gab Glückstage und Unglückstage. Alle Ägypter trugen Glücksbringer, so genannte Amulette, und glaubten, dass bestimmte Ereignisse Hinweise auf die Zukunft oder den Willen eines Gottes sein konnten. Träume oder Sternschnuppen galten als Botschaften der Götter. Wenn man sich vor einem Unglück schützen wollte, ging man zu Priestern, die auch Magier waren.

DER APIS-STIER

Die wichtigsten Tiere, die in Sakkara bestattet wurden, waren die Apis-Stiere. Sie waren immer schwarz, hatten eine Blesse auf der Stirn und einen schwarzen Schwanz mit zwei weißen Schwanzhaaren. Es gab immer nur einen Apis-Stier. Er wurde mit seiner Mutter im Ptah-Tempel in Memphis umsorgt und bei religiösen Festen umhergeführt. Wenn der Stier starb, wurde er mumifiziert und in das Serapeum gebracht, eine riesige unterirdische Grabanlage. Dann begann die Suche nach einem neuen Apis-Stier.

Der mumifizierte Apis-Stier wurde auf einer heiligen Barke transportiert.

In einer Bestattungsprozession wurde der Apis-Stier zum Serapeum von Sakkara gebracht.

DER TOD UND DAS JENSEITS

Viele Ägypter starben viel zu früh, oft schon vor ihrem 30. Geburtstag. Deshalb ist es kaum überraschend, dass sie fest an das „Jenseits“ glaubten, wo sie weiterleben würden. Sie bereiteten sich intensiv auf dieses Leben vor und hatten genaue Vorstellungen, wie es dort aussehen würde, was sie brauchen würden und was sie auf dem Weg dorthin erleben würden.

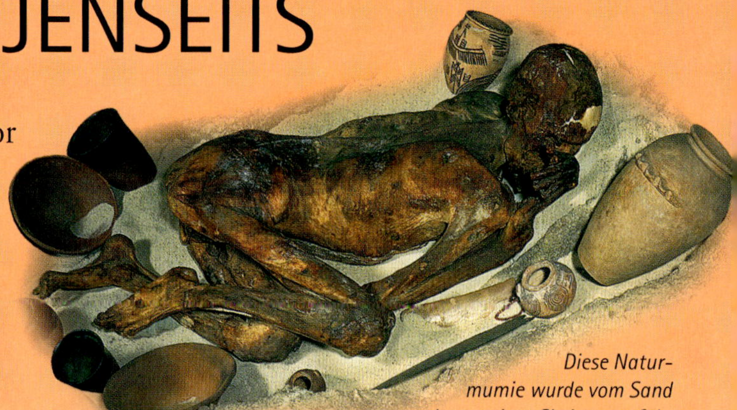

Diese Naturmumie wurde vom Sand konserviert. Sie ist ungefähr 5000 Jahre alt.

KA, BA UND ACH

Die wichtigsten Bestandteile des menschlichen Geistes waren Ka und Ba. Beide brauchten den Körper, um nach dem Tod des Menschen weiterexistieren zu können. Deshalb gaben sich die Ägypter große Mühe den Körper eines Verstorbenen zu erhalten. Der Ka war der Doppelgänger des Menschen. Er konnte den Körper verlassen, musste aber immer wieder zurückkehren, um zu essen, zu trinken und sich zu stärken. Der Ba war die Seele eines Menschen, die sich wie ein Vogel frei bewegen konnte und immer wieder in das Grab zurückkehrte. Dazu gab es noch den Ach, der zu den Sternen aufsteigen und selbst ein Stern werden konnte.

Das Zeichen für Ka (links) war ein Paar erhobener Arme. Der Ba (rechts) wurde als Vogel mit Menschenkopf dargestellt.

NATURMUMIEN

Die Körper der Naturmumien waren nicht einbalsamiert. Die Toten wurden in den heißen, trockenen Wüstensand gelegt, der den Körper sehr gut konservierte. Als sich die Gesellschaft weiterentwickelte, wurden reiche Menschen in Gräbern bestattet, wo sie der Sand nicht konservieren konnte. Deshalb fing man an die Toten einzubalsamieren (siehe S. 62).

DIE BESTATTUNG

Wenn eine wohlhabende Person starb, wurde der Leichnam des Toten ans Westufer des Nil gebracht. Dort wurde ein Reinigungsritual an ihm vollzogen und er wurde mumifiziert. Danach wurde die Mumie in den Sarg gelegt und der Sarg in das Grab getragen. Freunde und Verwandte brachten alles, was der Tote im Jenseits brauchte, begleitet vom Weinen und Schreien der Klagefrauen.

Hier sieht man den Bestattungszug des Wesirs Ramose.

DIE MUNDÖFFNUNG

Vor dem Grab wurde der Sarg mit der Mumie aufrecht hingestellt und ein Priester führte die rituelle „Mundöffnung“ durch. Der Priester berührte die Hände, Füße, Augen, Ohren, Lippen und die Nase des Sarges. Dadurch „befreite“ er die Sinne, damit diese dem Toten auch im Jenseits zur Verfügung standen. Dann wurde der Sarg in das Grab gebracht, mit Nahrung, Möbeln und anderen notwendigen Dingen umgeben und das Grab wurde versiegelt.

Mit symbolischen Gegenständen, so genannten „Dechseln“, wurde die Mumie bei der rituellen „Mundöffnung“ berührt.

DIE REISE INS JENSEITS

Anubis wiegt das Herz. Ammit wartet hungrig neben ihm, während Thot das Urteil aufschreibt.

Für die Menschen und ihr Ba war die Reise ins Jenseits lang und gefährlich. Auf dem Weg zum Jenseitsgericht mussten sie viele Pforten passieren, die von Ungeheuern bewacht wurden.

Beim Jenseitsgericht mussten sie vor Osiris, dem obersten Richter, und seinen 42 Mitrichtern schwören, dass sie eine lange Liste von Sünden nicht begangen hatten. Der Gott Anubis wog das Herz des Menschen gegen die Feder der Ma'at, der Wahrheit, auf. Thot stand neben der Waage und schrieb das Urteil auf. Wenn die Menschen in ihrem Leben nur Gutes getan hatten, dann war ihr Herz so leicht wie eine Feder und sie durften zu Osiris und ihren Vorfahren ins Jenseits. Wenn Sünden das Herz schwer machten, dann wurde es von dem krokodilköpfigen Ungeheuer Ammit verschlungen.

Berufsklagefrauen weinten und klagten bei Ramoses Begräbnis.

EINBALSAMIERUNG UND MUMIEN

Die Einbalsamierung, die verhinderte, dass die Toten verwesten, wurde über Jahrhunderte hinweg perfektioniert. Eine sorgfältige Einbalsamierung war ein langwieriges und gruseliges Verfahren, das aber seinen Zweck erfüllte. Viele Mumien aus der Zeit des Neuen Reiches sind unglaublich gut erhalten. Nach dem Neuen Reich wurden Tote noch bis über die Ptolemäer-Zeit hinaus einbalsamiert, allerdings weniger sorgfältig.

EINBALSAMIERUNG IM NEUEN REICH

Eine Mumifizierung dauerte insgesamt 70 Tage. Zuerst wurde die linke untere Bauchseite aufgeschnitten und die Eingeweide – Gedärme, Lunge, Leber und Magen – herausgenommen. Die Eingeweide wurden separat einbalsamiert und in vier „Kanopengefäße" (siehe S. 63) gelegt. Das Herz blieb im Körper, weil die Ägypter glaubten, dass es im Jenseits gerichtet wurde.

Der Körper wird aufgeschnitten und die inneren Organe werden herausgenommen.

Dann legten die Balsamierer den Körper in Natron, ein konservierendes Salz, das den Körper entwässerte. Nach ungefähr 35–40 Tagen, war der Körper vollständig ausgetrocknet. Er wurde mit öl- oder harzgetränkten Materialien ausgefüllt, damit der Körper wieder seine natürliche Form erhielt, und der Schnitt wurde zugenäht.

Balsamierer legen den Körper in Natron.

Daraufhin wurde der Körper, beginnend bei den Fingern und Zehen, in Leinenbinden gewickelt.

Zwischen die Leinenbinden wurden Edelsteine und Amulette gelegt, die die Menschen im Jenseits beschützen sollten, und die Leinenbinden wurden mit Ölen, Harzen und Parfüm getränkt.

Bald ist der ganze Körper mit Leinenbinden umwickelt.

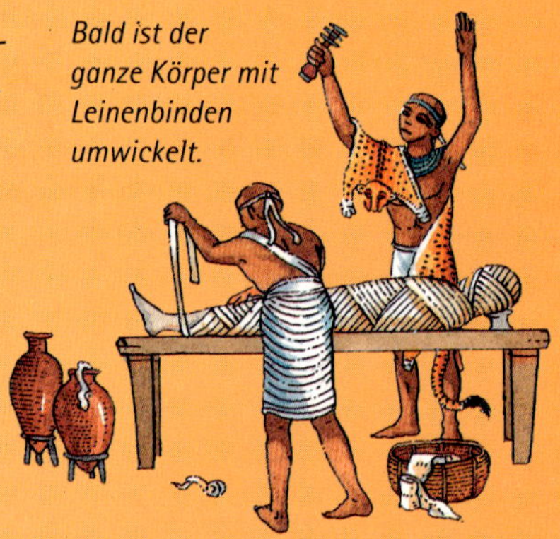

Abschließend legte der Balsamierungspriester mit der Schakalmaske des Anubis, des Gottes der Einbalsamierung, eine Maske über den Kopf der Mumie. Dann konnte die Mumie in den Sarg gelegt werden.

Der Einbalsamierungspriester spricht Gebete über der Mumie.

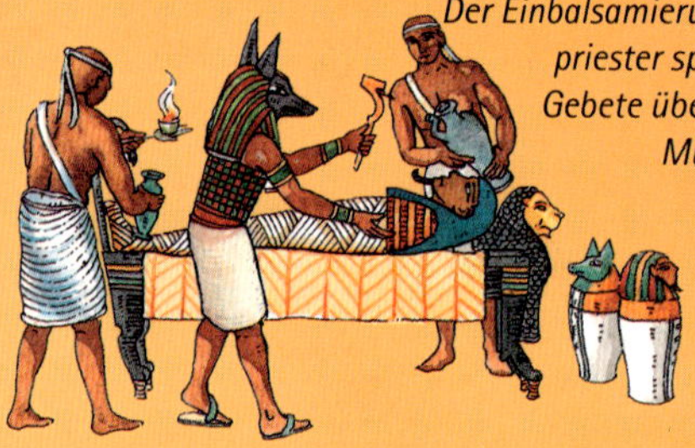

Im Laufe der Zeit verfestigten sich die Öle und Harze der Leinenbinden zu einer dicken, klebrigen Substanz. Später hielten die Menschen diese Masse für Bitumen, einen Bestandteil des Asphalts. Das arabische Wort für Bitumen war „mumiya" und daraus entstand die Bezeichnung „Mumie".

Die Mumie Sethos' I. zeigt, wie wirkungsvoll die Einbalsamierungsmethode des Neuen Reichs war.

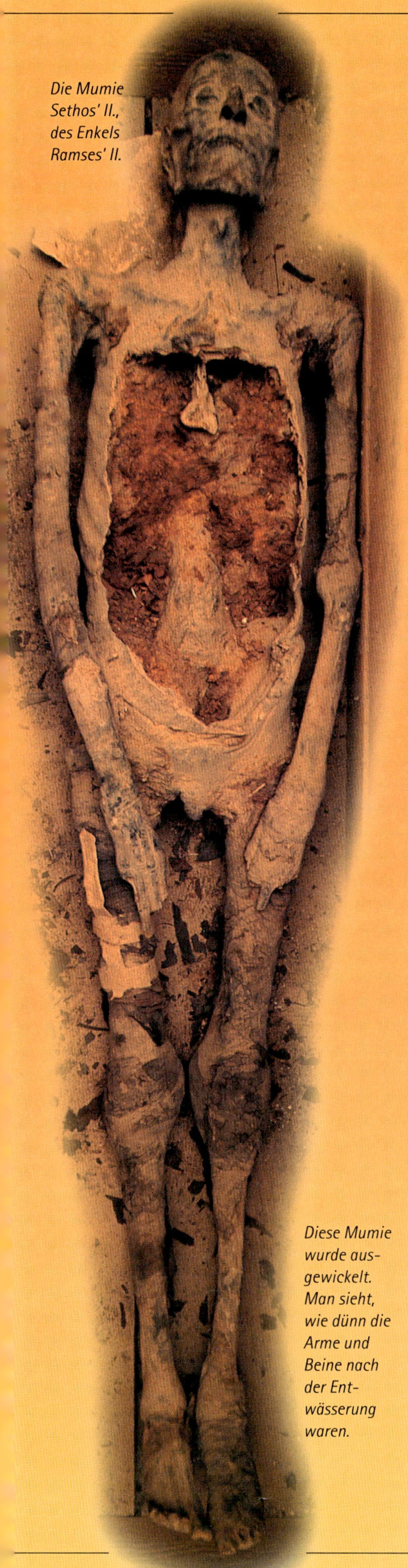

Die Mumie Sethos' II., des Enkels Ramses' II.

Diese Mumie wurde ausgewickelt. Man sieht, wie dünn die Arme und Beine nach der Entwässerung waren.

KANOPENGEFÄSSE

Zu jeder Mumie gehörten vier Kanopen, in denen sich die mumifizierten Eingeweide befanden. Jede Kanope hatte einen anderen Verschluss und jeder dieser Verschlüsse hatte die Form eines der vier Horus-Söhne, die die Eingeweide beschützten.

Typische Kanopengefäße aus der Zeit des Neuen Reichs

Der pavianköpfige Hapi beschützte die Lunge.

Der falkenköpfige Kebechsenuef beschützte die Gedärme.

Der schakalköpfige Duamutef beschützte den Magen.

Der menschenköpfige Amset beschützte die Leber.

DAS GEHEIMNIS DER MUMIEN

Im 19. Jahrhundert wurden Mumien oft ausgewickelt, damit sie genauer untersucht werden konnten. Später hörte man damit auf, weil die Mumien dadurch beschädigt wurden. Heute untersuchen Wissenschaftler Mumien in einem Computertomografen, mit dessen Hilfe sie durch die Leinenbinden hindurchsehen können. Oder sie entnehmen winzige Gewebeproben für eine DNA-Anlayse und erstellen einen genetischen Fingerabdruck. Mit Hilfe von DNA-Analysen fand man z. B. heraus, dass Tutanchamun und der Leichnam aus KV55 (siehe S. 28) sicher miteinander verwandt waren.

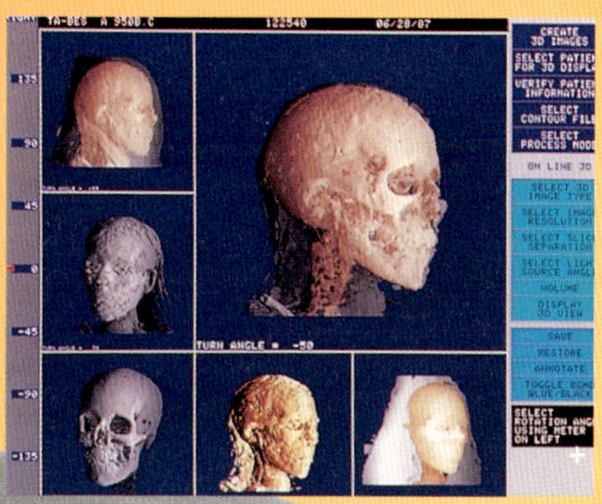

Moderne Technologie: eine Mumie in einem Computertomografen (unten). Mit Hilfe eines Computers können die Gesichter der Toten rekonstruiert werden (rechts).

SÄRGE UND GRÄBER

Die Särge und Gräber, in die die Mumien gelegt wurden, waren genauso wichtig wie die Einbalsamierung selbst. Sie waren oft prachtvoll verziert und die Dekorationen und Inschriften waren ein wichtiger Teil dessen, was der Tote auf seiner Reise ins Jenseits brauchte.

Manchmal wurden „Ersatzköpfe" wie dieser einer Prinzessin mit in die Gräber gelegt, damit der Ka den Körper erkannte.

SÄRGE UND SARKOPHAGE

Jeder, der es sich leisten konnte, ließ seine Mumie in einen Sarg legen. Im Alten und Mittleren Reich waren die Särge rechteckig. Sie waren in kräftigen Farben bemalt und an der Außenseite wurde in Kopfhöhe ein Augenpaar aufgemalt, damit der Tote aus dem Sarg nach draußen sehen konnte. Ab dem Mittleren Reich gab es auch mumienförmige Särge. Augenpaare brauchte man jetzt nicht mehr, weil auf den Sarg bereits ein Gesicht aufgemalt war.

Im Grab Ramses' IV.: die Grabkammer mit dem Sarkophag des Königs

Mitglieder des Königshauses oder sehr reiche Menschen wurden in mehreren ineinander geschachtelten Särgen bestattet. Manchmal wurden diese Särge noch in einen Sarkophag gelegt, einen großen Außensarg aus Stein. Sarkophage waren normalerweise rechteckig, aber in der Spätzeit waren manche auch mumienförmig.

GRÄBER

Gräber gab es in vielen verschiedenen Formen und Größen, von den Lehmziegelmastabas der frühdynastischen Zeit bis zu den faszinierenden Pyramiden und Felsgräbern der Könige. Aber nur reiche Menschen wurden in aufwändigen Gräbern bestattet – Ärmere wurden im Sand begraben.

Alle Gräber hatten eine Grabkammer für den Sarg oder Sarkophag. Einige hatten noch andere Kammern wie z. B. „Kapellen", wo Nahrung für den Ka des Toten dargebracht werden konnte (siehe S. 60.) Die Grabkammer wurde versiegelt, aber die Ägypter glaubten, dass es dem Ka möglich sein musste, die Grabkammer zu verlassen und wieder dorthin zurückzukehren. Deshalb wurde für ihn im Inneren eine „Scheintür" als Malerei oder Relief angebracht.

Ein Sarg aus der Spätzeit. Der Sargdeckel zeigt ein Porträt des Verstorbenen.

DAS LEBEN IM JENSEITS

Die Ägypter glaubten, dass das Leben nach dem Tod dem Leben auf der Erde glich, dass es dort Arbeit gab, die verrichtet werden musste, und Häuser, in denen man wohnte. Deshalb brauchten die Toten auch im Jenseits viele Dinge aus ihrem diesseitigen Leben, wie z. B. Nahrung, Kleidung und Möbel.

Aber die Menschen hofften offensichtlich auch, dass das Leben im Jenseits viel besser sein würde als das Leben auf der Erde – dass es keine Missernten geben würde und dass sie das Leben im Jenseits genießen konnten. Und die schwere Arbeit würde von den Uschebtis erledigt werden, kleinen Figuren, die zur Grabausstattung gehörten. Uschebtis sollten den Toten im Jenseits dienen und alle anfallenden Arbeiten für sie erledigen.

Uschebtis befanden sich oft in eigenen Särgen oder Kästen, wie diese hölzernen Uschebtis aus dem Neuen Reich. Auf dem Uschebti-Kasten ist eine Bestattungsszene zu sehen.

TOTENLITERATUR

Die Texte an den Grabwänden sollten die Toten auf ihrer schwierigen Reise ins Jenseits anleiten. Im Alten Reich ließen Könige das Innere ihrer Pyramiden mit Sprüchen und Gebeten versehen, den so genannten Pyramidentexten. Im Mittleren Reich übernahmen auch nichtkönigliche Personen diese Texte für ihre eigenen Särge. Es entstanden die Sargtexte.

Im Neuen Reich gab es die Totenbücher, die meist auf Papyri geschrieben wurden, und die Unterweltsbücher, die man an den Wänden der Königsgräber im Tal der Könige findet. Unterweltsbücher, die von der allnächtlichen Fahrt des Sonnengottes durch die Unterwelt handeln, waren z. B. das Amduat (das Buch von dem, was in der Unterwelt ist), das Pfortenbuch, das Höhlenbuch und das Buch von der Erde.

MÄCHTIGE MALEREIEN

Die Malereien, Texte und Reliefs an den Grabwänden waren nicht nur Dekoration. Sie waren ein Teil dessen, was die Toten im Jenseits brauchten. Mit Szenen, die z. B. das Backen von Brot zeigten, stellte man sicher, dass auch der Tote im Jenseits wusste, wie man Brot bäckt.

Diese Wandmalerei aus dem Grab des Nacht zeigt einen Mann, der seine Rinder zusammentreibt.

DIE PYRAMIDEN VON GISEH

Auch heute noch faszinieren uns die geheimnisvoll wirkenden Pyramiden der Könige Cheops, Chephren und Mykerinos – vor allem die größte, die Cheops-Pyramide. Ägyptologen konnten viele Rätsel der Pyramiden lösen und wir wissen heute einiges darüber, wann und wie sie errichtet wurden.

DIE CHEOPS-PYRAMIDE

Bis ins 19. Jahrhundert war die Cheops-Pyramide das größte Bauwerk der Welt. Sie wurde um 2550 v. Chr. errichtet, besteht aus über zwei Millionen Kalksteinblöcken aus nahe gelegenen Steinbrüchen und ist absolut symmetrisch. Die Grundkanten der Pyramide sind 230 m lang und verlaufen parallel zur Nord-Süd- bzw. Ost-West-Achse.

DAS INNERE DER CHEOPS-PYRAMIDE

Die Ägypter wollten einbruchsichere Pyramiden bauen. Sie blockierten den Eingang der Pyramiden mit großen Granitblöcken und verkleideten die gesamte Oberfläche mit glatten Kalksteinblöcken. Diese Blöcke lagen so dicht nebeneinander, dass kaum eine Messerklinge dazwischen passte. Trotzdem fanden Grabräuber einen Weg ins Innere der Pyramide, wahrscheinlich schon in der Ersten Zwischenzeit (um 2150 v. Chr.). Im 19. Jahrhundert entdeckten Altertumsforscher nur noch einen großen Granitsarkophag, dessen Deckel fehlte – sonst war die Pyramide leer.

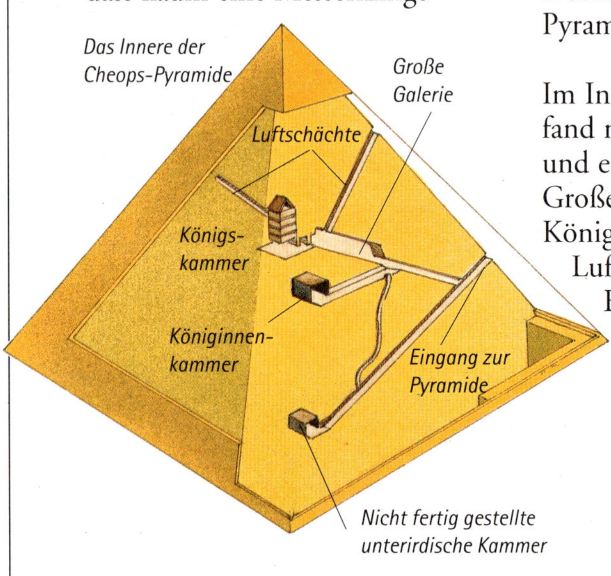

Das Innere der Cheops-Pyramide

Im Inneren der Pyramide fand man drei Kammern und einen hohen Gang, die Große Galerie. Von der Königskammer zweigen zwei Luftschächte nach oben ab. Eine Theorie besagt, dass diese Luftschächte zu den Sternen zeigen, zu denen der Geist des Königs im Jenseits aufstieg. Tatsächlich reichen die Schächte aber nicht bis zur Außenfläche.

WIE WURDEN DIE PYRAMIDE ERRICHTET?

Jeder Steinblock dieser Pyramide wiegt ungefähr 2,5 Tonnen. Sie waren also ungeheuer schwer. Beim Bau zogen die Ägypter diese Blöcke daher auf Rampen und Holzrollen Schicht für Schicht nach oben, wobei die Rampen immer weiter nach oben gebaut wurden.

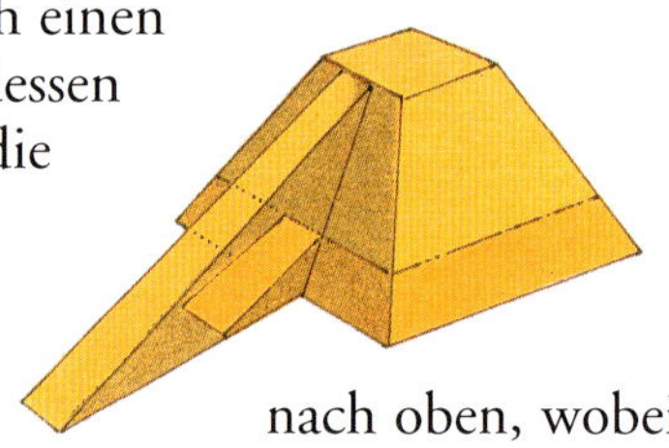
So sahen wahrscheinlich die Rampen aus.

Die Arbeit an den Pyramiden war gut organisiert.

CHEOPS – EIN TYRANN?

Der griechische Geschichtsschreiber Herodot behauptete, dass Cheops die Pyramide von Sklaven hatte errichten lassen. Heute wissen wir, dass ein Großteil der Arbeit an den Pyramiden von Bauern als Fronarbeit (siehe S. 42) verrichtet wurde. Und es gab auch Handwerker, die mit bestimmten Arbeiten beauftragt wurden.

CHEPHREN UND MYKERINOS

Die Chephren-Pyramide ist kleiner als die Cheops-Pyramide, sieht aber größer aus, weil sie höher liegt. An der Pyramidenspitze kann man heute noch einen Teil der früheren Kalksteinverkleidung erkennen.

Die Mykerinos-Pyramide ist kleiner als die beiden anderen, aber der Bau war aufwändiger, weil die Außenverkleidung aus Granit war. Granit ist härter als Kalkstein und deshalb schwieriger zu bearbeiten. Außerdem musste der Granit aus dem weit entfernten Assuan in Oberägypten geholt werden.

REGES TREIBEN

Auf Fotos hat man oft den Eindruck, dass die Pyramiden einsam in der Wüste liegen. Früher waren die Pyramiden aber von Palästen, Tempeln und anderen Gräbern umgeben und es gab Häfen mit vielen Booten. Priester und Arbeiter lebten ganz in der Nähe in den so genannten Pyramidenstädten – vor einiger Zeit wurde eine Bäckerei freigelegt, in der das Brot für die Arbeiter gebacken wurde. 1954 wurden Gruben entdeckt, in denen Königsschiffe, so genannte Barken, gefunden wurden. Eine der zwei erhaltenen Barken hatte Cheops selbst gehört (siehe S. 72).

FELSGRÄBER

Seit dem Ende des Alten Reichs ließen sich hohe Beamte und Würdenträger Felsgräber errichten. Könige bestattete man aber bis zum Neuen Reich noch in Pyramiden. Im Neuen Reich wurden dann die meisten Pharaonen in Felsgräbern im Tal der Könige in Theben-West beigesetzt, wo auch einige Königinnen begraben liegen. Später wurden diese im Tal der Königinnen bestattet. Auch viele hohe Beamte setzte man in der Nähe bei.

DAS TAL DER KÖNIGE

Das Tal der Könige mit seinen Königsgräbern und hoch aufragenden Felswänden liegt inmitten eines zerklüfteten Kalksteingebirges. Die Felsgräber waren zwar nicht so auffällig wie die Pyramiden, aber die meisten Menschen wussten, wo sie waren, deshalb wurde das Tal auch ständig von den Medjai (der Polizei) bewacht. Trotzdem waren die meisten Königsgräber am Ende des Neuen Reiches geplündert.

Die Gräber sind mit Szenen aus den Unterweltsbüchern dekoriert. Alltagsszenen findet man dort weniger, weil man nicht davon ausging, dass die Könige im Jenseits alltägliche Arbeiten verrichten mussten.

GRABGRUNDRISS

Die Form und Größe der Gräber ist verschieden, aber alle haben Treppen und Korridore, die tief in den Fels führen. Die älteren, aus der 18. Dynastie stammenden Gräber (wie z. B. das Grab Tutanchamuns) hatten einen L-förmigen Grundriss. Später bestanden sie aus langen Korridoren mit abzweigenden Seitenkammern und einer Sargkammer am Ende. Ein prachtvolles Beispiel dafür ist das Grab Sethos' I.

Grundrisse der Gräber Tutanchamuns (oben links) und Sethos' I. (rechts). Die Grundrisse sind nicht maßstabsgetreu – das Grab Sethos' I. ist um ein Vielfaches größer als das Grab Tutanchamuns.

Diese Aufnahme zeigt das Tal der Könige von oben. Die Grabeingänge liegen oft in Felsnischen.

BAUWEISE

Zuerst wurde die Grundform von Steinbrechern aus dem Felsen gehauen. Dann brachten Gipser auf die Innenwände eine dünne, glatte Stuckschicht auf und Vorzeichner versahen die Wand mit einem Quadratnetz. Die Umrisse der jeweiligen Szenen wurden in Rot vorgezeichnet (siehe S. 55) und in Schwarz korrigiert, wobei es für die Proportionen genaue Darstellungsgrundsätze gab. Für die Details waren dann die Maler zuständig. Wenn der Fels hart genug war, wurden die Wände nicht mit Malereien sondern mit versenkten Reliefs versehen. Dann kamen nach den Vorzeichnern nicht die Maler, sondern die Bildhauer.

NOCH MEHR GRÄBER

Südlich des Tals der Könige liegen in den zum Nil gelegenen Berghängen die Gräber der hohen Würdenträger und Beamten. Sie sind mit religiösen Szenen verziert, die die Bestattung der Verstorbenen und deren Jenseitsvorstellungen darstellen. Prachtvolle Gräber gab es auch in Deir el-Medineh, die sich die Arbeiter dort errichtet hatten.

Das Grab des Paschedu, eines Arbeiters aus der Arbeitersiedlung Deir el-Medineh

An den unvollendeten Reliefs im Grab des Haremhab sieht man noch das Raster der Vorzeichner und die Vorzeichnungen für die Bildhauer.

DAS GRAB DER NEFERTARI

Etwas südlich der Beamtengräber liegt das Tal der Königinnen, wo nicht nur Königinnen, sondern auch Prinzen und Prinzessinnen bestattet wurden. Das beeindruckendste dieser Gräber ist das der Nefertari, der Hauptgemahlin Ramses' II. Für viele ist dieses Grab das schönste Grab eines Mitglieds einer Königsfamilie in ganz Altägypten. Vor kurzem wurde es sorgsam restauriert, sodass es wieder in all seiner Farbenpracht bewundert werden kann.

Bildnis der Nefertari aus ihrem Grab

Die Malereien im Grab der Nefertari wurden in erstaunlich leuchtenden Farben ausgeführt.

Viele Darstellungen zeigen Nefertari in sehr feinem weißem, fast durchsichtigem Leinen.

TOTENTEMPEL

Viele der heute noch erhaltenen Tempel gehören zu den so genannten Totentempeln des Neuen Reichs. Dort sollten die Könige nach ihrem Tod verehrt werden. Im Gegensatz zu den Kulttempeln wurden sie am Westufer des Nil errichtet, im Reich der Toten.

TEMPEL AN TEMPEL

Die meisten Totentempel wurden nahe dem Tal der Könige in Theben-West errichtet. Von vielen dieser Tempel existieren heute nur noch Ruinen, aber die Rekonstruktionszeichnung unten zeigt, wo sich diese Tempel früher befunden haben und wo das Tal der Könige, das Tal der Königinnen und die Arbeitersiedlung Deir el-Medineh liegen.

DIE MEMNONSKOLOSSE

Diese beiden Statuen standen früher vor dem Totentempel Amenophis' III. Nachfolgende Könige ließen den Tempel abtragen, weil sie die Steine brauchten.

Einige Zeit, nachdem vom Tempel Amenophis' III. nur noch die beiden Statuen standen, kam es zu einem Erdbeben. Danach hatte eine der Statuen einen Riss, der dazu führte, dass sie bei Sonnenaufgang einen seltsamen Ton von sich gab. Die Griechen hielten dieses Geräusch für das Klagen Memnons, der im Trojanischen Krieg von Achill getötet worden war. Der Ton entstand, weil bei Sonnenaufgang die Temperatur und Luftfeuchtigkeit in der Bruchstelle anstiegen. Im Jahr 199 n. Chr. ließ der römische Kaiser Septimius Severus die Statue restaurieren. Seither ist sie verstummt.

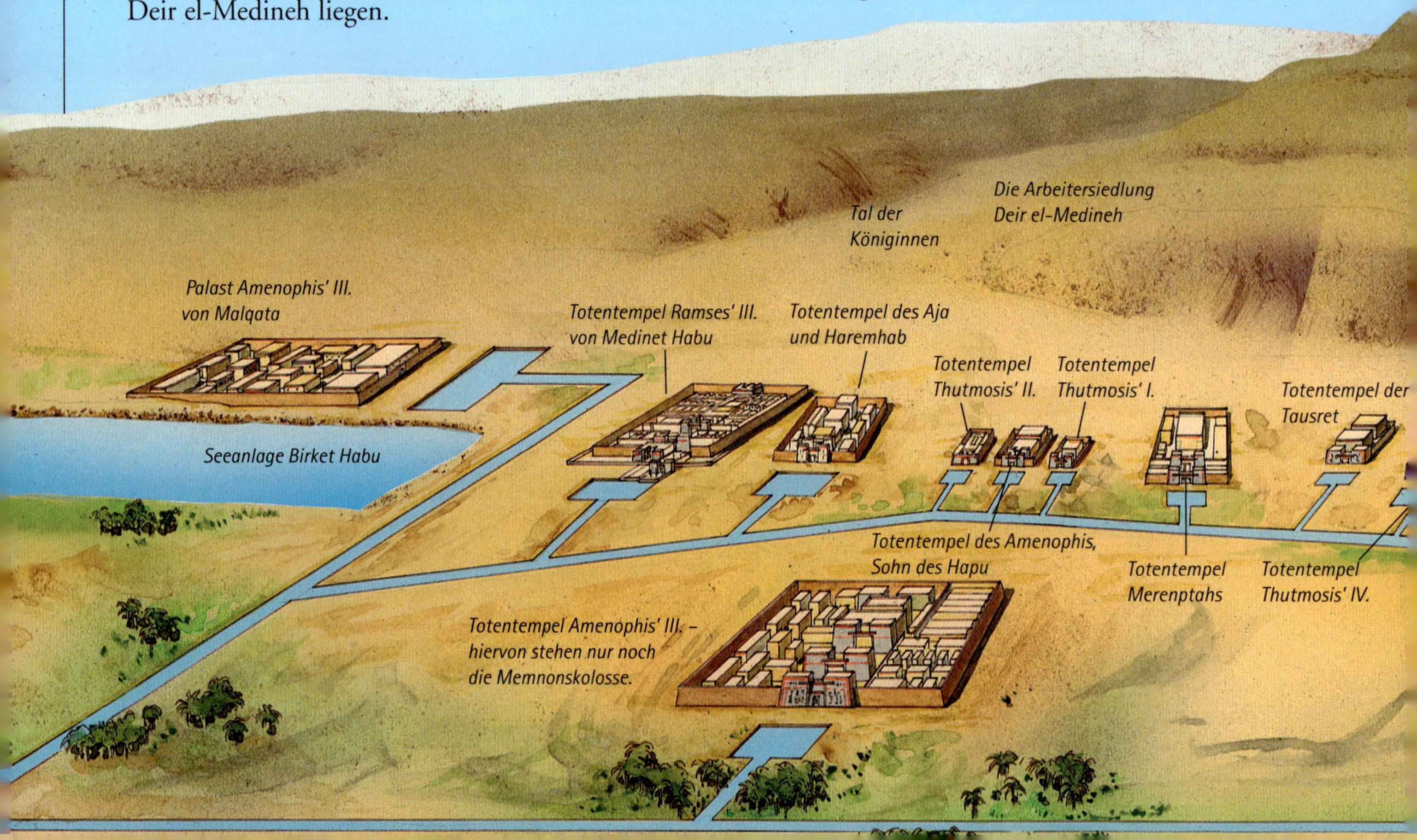

Der große und gut erhaltene Tempel Ramses' III. von Medinet Habu

DAS RAMESSEUM

Wie alles, was Ramses II. erbaute, war auch sein Totentempel, das Ramesseum, in großem Maßstab errichtet worden. In diesem Totentempel stand eine etwa 20 m hohe Kolossalstatue Ramses' II. Heute findet man dort nur noch die Trümmer der umgestürzten Statue. Sie haben den englischen Dichter Shelley zu seinem Gedicht „Ozymandias" inspiriert. Darin verspottet er die Überheblichkeit und den Größenwahn Ramses' II.

MEDINET HABU

Ramses III. wollte nicht hinter seinem Vorgänger zurückstehen und ließ sich ebenfalls einen groß angelegten Totentempel errichten. Die Tempelreliefs zeigen viele Szenen, die von den erfolgreichen Schlachten Ramses' III. gegen die Libyer und die Seevölker handeln. Einige schaurige Szenen zeigen z. B. Schreiber, die die Zahl der abgeschlagenen Hände und damit die Zahl der getöteten Feinde notieren.

DIE TEMPEL VON ABYDOS

Kein anderer ägyptischer Ort war so heilig wie Abydos, auf halbem Weg zwischen Memphis und Theben gelegen. Angeblich war der Totengott Osiris dort begraben. Deshalb war Abydos ein bevorzugter Begräbnisort und eine Pilgerstätte.

In der 19. Dynastie ließ Sethos I. in Abydos einen prachtvollen Totentempel errichten. Dieser Tempel zählt zu den schönsten ägyptischen Tempeln, weil die Farben seiner Reliefs außerordentlich gut erhalten sind. Einzigartig ist er auch deshalb, weil er sieben Kapellen hat, die unterschiedlichen Göttern geweiht sind. Ramses II., der Sohn Sethos' I., ließ den Tempel fertig stellen und zusätzlich einen Tempel für sich selbst errichten.

An den Wänden des Tempels Ramses' II. in Abydos kann man noch immer prachtvolle versenkte Reliefs bewundern.

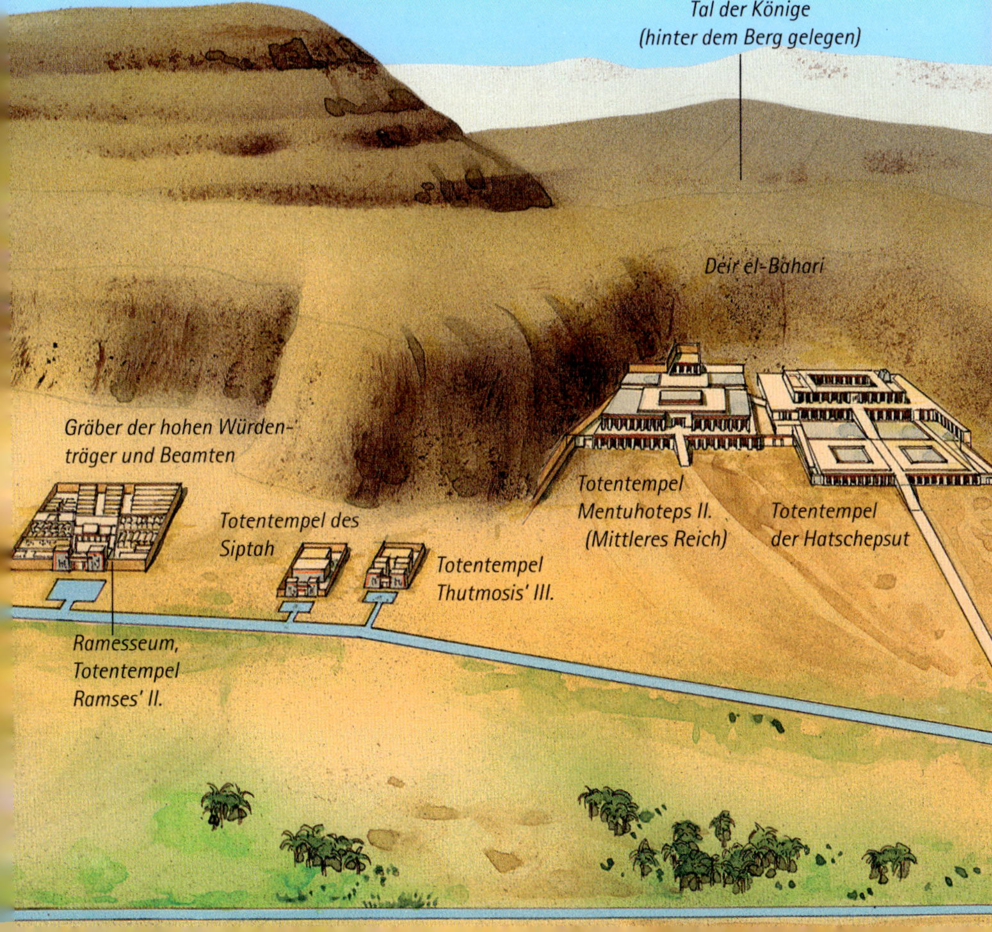

DIE SONNENBARKE

In Ägypten spielten Boote in der Religion und im Alltag eine große Rolle. Sogar ins Jenseits, so glaubte man, reiste der König in einem Boot, einer so genannten Barke. Deshalb ließen sich die Könige der ersten Dynastien mit Barken als Grabbeigaben bestatten, die sie sicher ins Jenseits bringen sollten.

Die Sonnenbarke war neben der Cheops Pyramide vergraben worden.

CHEOPS' LETZTE REISE

1954 kam es zu einer erstaunlichen Entdeckung. Man fand ein Boot, das König Cheops gehört hatte. Es war neben der Pyramide vergraben worden und möglicherweise hatte man Cheops' Leichnam darauf zu seiner letzten Ruhestätte transportiert.

Das Boot war in seine Einzelteile zerlegt und sorgfältig in 13 Lagen übereinander geschichtet worden. Es bestand aus 1224 Holzteilen – großen und sehr kleinen. Das Boot bestand zum Großteil aus libanesischem Zedernholz, aber kleinere Teile wie die Bolzen für die Planken waren z. B. aus Sykomorenholz.

Die Barke des Cheops kann in Giseh besichtigt werden.

REKONSTRUKTION

Die rekonstruierte Barke ist 42,6 m lang. Die Zedernplanken wurden von hölzernen Bolzen und Seilen zusammengehalten. Im Wasser zogen sich die Seile und dadurch die Planken zusammen, wodurch das Boot wasserdicht wurde.

Zu der Barke gehörten auch sechs Riemenpaare. Die Barke wurde aber wahrscheinlich von kleineren Booten geschleppt und die Riemen dienten vermutlich zum Steuern.

DER ALLTAG

HEIM UND HERD

Die frühesten ägyptischen Wohnhäuser wurden aus Holzpfählen und Schilfbündeln gebaut. Später, zu der Zeit, als das Land geeint wurde, verwendete man Lehmziegel. Danach lebte jeder – Arm oder Reich – in Häusern aus Lehmziegeln. Sie unterschieden sich voneinander nur durch ihre Größe, die Ausstattung und die Einrichtung. Königspaläste waren groß und luxuriös, die Häuser der Armen konnten winzig klein und sehr beengt sein.

SCHLAMM UND SCHLICK

Mangel an Schlamm herrschte in Ägypten nie. Dafür sorgte schon das alljährliche Nilhochwasser. Deshalb bauten die Menschen ihre Häuser ein Stück oberhalb des Flusses. Da der Platz begrenzt war, wurden die Häuser eng zusammengebaut. Doch die Ägyptologen fanden nicht viele Originalbauten, sondern lediglich einige Fundamente. Nur in Karun, in der Nähe von Faiyum, in Deir el-Medineh nahe beim Tal der Könige und in Tell el-Amarna (Achetaton), der Stadt Echnatons, wurden ganze Arbeiterdörfer freigelegt.

ARBEITERHÜTTEN

Das Dorf in Deir el-Medineh war etwa um 1550 v. Chr. für die Handwerker und Künstler erbaut worden, die am Bau der Königsgräber (siehe S. 68 und 80) beteiligt waren. Es war etwa 500 Jahre lang bewohnt. Dieses Dorf gibt uns eine ziemlich genaue Vorstellung davon, wie die meisten Menschen im Neuen Reich lebten.
Mitten durch das Dorf führte von Norden nach Süden eine lange, schmale Hauptstraße. Die Luft war sehr stickig. Rechts und links entlang der Straße standen die rechteckigen, schmalen Häuser. Die meisten von ihnen bestanden aus vier kleinen Räumen. In dem Dorf lebten etwa 60 Familien.

Eine typische Szene aus dem Handwerkerdorf Deir el-Medineh. Manchen Räumen fehlt hier das Dach, damit du ins Innere blicken kannst.

STADTHÄUSER

Weil in Ägypten das Bauland knapp war, waren die Häuser in den Städten hoch und standen eng zusammen. Manche hatten vier Stockwerke. Die Straßen waren eng und voller Menschen. Es gab keine Müllabfuhr; deshalb musste jeder Haushalt selbst für die Entsorgung des Abfalls sorgen. Die Einwohner warfen ihren Müll in Gruben oder in den Fluss – oder ganz einfach hinunter auf die Straße. Die Menschen verbrachten so viel Zeit wie möglich auf den Dächern ihrer Häuser, weil es dort oben kühler war und sie nur so dem Gestank der Straße entkommen konnten.

Das Modell eines ägyptischen Stadthauses mit mehreren Etagen.

DIE EINRICHTUNG

Holzmöbel waren sehr teuer. Deshalb waren die meisten Häuser nur schlicht eingerichtet. Die Tische, Stühle und Betten waren meist aus Billigholz oder sogar aus Schilf gefertigt.

In den reichen Haushalten standen Möbel aus teurem, importiertem Holz wie Ebenholz oder Zeder. Sie besaßen Einlegearbeiten aus Elfenbein, Edelmetallen, Halbedelsteinen und Fayencen (wertvolle Glasarbeiten). Manche Möbel waren sogar vergoldet.

Dieser Stuhl gehörte einer Königin. Deshalb ist er viel wertvoller gearbeitet als die Stühle ärmerer Menschen. Die Grundform war jedoch immer gleich.

Zur Beleuchtung der Räume wurden Öllampen verwendet. Das waren kleine, schlicht gearbeitete Schalen mit Leinöl und einem Docht aus zusammengedrehten Stoffteilen.

DIE HÄUSER DER REICHEN

Die Reichen lebten in luxuriösen Villen mit vielen Räumen und einer großen Eingangshalle in der Mitte, wo die Gäste empfangen wurden. Die Innen- und Außenwände waren verputzt und bemalt. Oft hatten solche Villen schöne Gärten mit Schatten spendenden Bäumen und Swimmingpools.

Dieses Wandgemälde wurde in einer Grabkammer in Theben entdeckt, die dem Schreiber Nacht gehörte. Es zeigt ihn mit seiner Gemahlin im Garten seines Hauses. Das stand auf einer Plattform, damit die Räume trocken blieben. Das Dach hatte Luftschlitze, um das Innere kühl zu halten.

FRAUEN UND FAMILIENLEBEN

Die Familie nahm in der ägyptischen Gesellschaft einen wichtigen Platz ein. Die Aufgabe der Frauen bestand darin, den Haushalt zu führen und die Kinder zu erziehen. Kaum eine Frau hatte einen Beruf. Aber im Gegensatz zu anderen Ländern besaßen die Frauen im alten Ägypten viele Freiheiten und viele der Rechte, die die Männer hatten.

Reiche Frauen wurden genauso prächtig bestattet wie Männer. Das Relief dieser in Stein gemeißelten Frau stammt von dem Deckel eines Sarkophages der Späten Periode.

DIE FRAU IN DER GESELLSCHAFT

Im Ägypten der Antike waren die Frauen den Männern nicht völlig gleichgestellt. Die meisten von ihnen konnten weder lesen noch schreiben. Doch jede Frau war berechtigt Geschäfte und Verträge abzuschließen, eigenen Besitz zu haben und als Zeugin vor Gericht aufzutreten.

Die Frauen der Mittel- und Oberschicht hatten eine umfassende Erziehung genossen. Die meisten von ihnen konnten lesen und schreiben. Zwar durften sie kein wichtiges Amt (z. B. bei der Regierung) bekleiden, doch sie unterstützten oft ihre Ehemänner bei der Arbeit.

Ein Wandgemälde mit Musiker- und Tänzerinnen

BERUFSLEBEN

Wenn auch die meisten Frauen „nur“ Hausfrauen waren, gab es doch einige, die Karriere machten. Adlige Frauen konnten Hofdamen oder Priesterinnen werden, andere arbeiteten als Sängerinnen, Tänzerinnen, Musikerinnen oder Akrobatinnen am Königshof und in Tempeln. Manche wurden Weberin, Gärtnerin, Bestattungsunternehmerin oder sogar Ärztin. Ärmere Frauen taten oft Dienst als Dienerinnen und Kindermädchen bei königlichen und anderen reichen Familien. Dadurch erlangten viele von ihnen großen Einfluss, denn ihre Söhne bekleideten oft bei Hofe hohe Ämter.

War der Ehemann aus irgendeinem Grund für längere Zeit abwesend, führte die Frau die Familiengeschäfte. So konnte es vorkommen, dass eine Frau einen großen landwirtschaftlichen Betrieb ganz allein leitete.

Eine weibliche Großgrundbesitzerin kontrolliert ihre Arbeiter auf den Feldern.

HEIRAT UND EHE

Die Könige hatten mehrere Ehefrauen, der einfache Mann jedoch nur eine. Die Männer heirateten in der Regel im Alter von 20 Jahren, die Mädchen hingegen viel früher. Manche waren bei ihrer Hochzeit erst 14 Jahre alt. Der Ehepartner wurde von den Eltern ausgewählt. Meist war es jemand, der denselben sozialen Hintergrund hatte oder sogar aus derselben Familie stammte. Bilder und Gedichte beweisen, dass sie einander trotzdem oft sehr innig liebten.

Statue des Pharaos Echnaton, Hand in Hand mit seiner Gemahlin Nofretete

DAS EHELEBEN

Die Heirat eines Paares war ein gesetzliches Abkommen, dem eine finanzielle Vereinbarung zu Grunde lag. Der Ehemann stellte seiner Frau genug Geld zur Verfügung, dass sie davon leben und den Haushalt führen konnte. Beide hatten das Recht auf Privatbesitz. Außerdem richteten sie einen gemeinsamen Fond ein, zu dem der Ehemann zwei Drittel und die Frau ein Drittel beisteuerte. Dieses Geld diente als Spargroschen für die Kinder.

Wenn eine Ehe unglücklich war, konnte sich das Paar scheiden lassen. Es musste dazu lediglich vor Zeugen offiziell die Trennung bekannt geben. Die meisten wollten dies jedoch vermeiden. Dann versuchten Verwandte sie zu überreden ihre Streitigkeiten durch Gespräche zu beenden. War eine Scheidung unvermeidbar, blieben die Kinder bei der Mutter. Beide Partner waren frei und konnten eine neue Ehe eingehen.

SÖHNE UND TÖCHTER

Die Ägypter stellten für ihre Kinder viele Spielzeuge her, z. B. solche Bälle aus Lehm und einen Hund, dessen Maul sich öffnen ließ.

Die Geburt einer Tochter war ebenso willkommen wie die eines Sohnes. Wenn die Eltern starben, ging der Landbesitz meist an die Söhne über. Alles andere wie Haus, Möbel und Wertsachen erbten die Töchter. Es gab jedoch keine festen Regeln. So konnten natürlich auch die Töchter das Land erben – wenn ein Paar keine Söhne hatte, war das sowieso die einzige Möglichkeit.

Dieser Junge und dieses Mädchen gehören zu einer Familiengruppe aus der 5. Dynastie.

DIE LANDWIRTSCHAFT

Die Landwirtschaft bildete das Rückgrat der ägyptischen Gesellschaft. Das Land entlang des Nil war ertragreich und fruchtbar. Die Bauern konnten mehr anbauen, als sie zum Leben brauchten. So verwendeten sie das Getreide, das sie übrig hatten, als Steuerzahlungen für den König, der damit wiederum seine Dienerschaft bezahlte oder Bauprojekte finanzierte.

Mit ähnlichen Schadufs wurde im alten Ägypten das Wasser aus dem Nil geschöpft.

LEBEN SPENDENDES WASSER

Die Anbau- und Erntezeiten richteten sich allein nach dem Wasserpegel des Nil. Im Frühling ließen Regen und Schmelzwasser aus den äthiopischen Bergen den Fluss anschwellen. Im Juli trat der Nil über die Ufer und überflutete die Täler. Diese Zeit nannte man „die große Überschwemmung".

Von dem Wasserstand während der Flut hing eine Menge ab. War er zu niedrig, folgte meist eine schlechte Ernte und damit eine Hungersnot. War er zu hoch, wurden die Dörfer überflutet und manchmal sogar weggespült.

KANALSYSTEME

Schon in vordynastischer Zeit gelang es den Ägyptern, die „große Überschwemmung" optimal zu nutzen. Sie teilten das Land in Felder auf und legten dazwischen Kanäle an. Diese wurden alljährlich von Fronarbeitern (siehe S. 42) gewartet und repariert. Um Ländereien zu bewässern, an die die Flut nicht heranreichte, mussten die Menschen weiterhin im Nil Krüge mit Wasser füllen und meilenweit schleppen – eine schwere und zeitraubende Arbeit. In der Zeit des Neuen Reichs wurden dann Maschinen erfunden, die zumindest das Schöpfen des Wassers aus dem Nil sehr erleichterten: die *Schadufs* (Foto oben).

NACH DER FLUT

Ende Oktober ging der Wasserstand des Nil wieder zurück. Die Flut hatte am Ufer eine dicke Schicht fruchtbaren Schlamms zurückgelassen, den man Schlick nennt. Die Bauern begannen ihre Felder zu bestellen und Korn auszusäen. Sie bauten hauptsächlich Weizen und Gerste an, das Getreide, das zum Brotbacken und Bierbrauen verwendet wurde. Nach der Aussaat wurden Schafherden über die Felder getrieben, die die Saatkörner tief in den Boden trampelten.

Noch heute schöpfen die Bauern das Wasser für ihre Felder aus dem Nil.

Ein Gemälde mit Gänsen aus der Zeit des Alten Reichs. Viele Bauern hielten sie wegen ihres Fleisches und ihrer Eier als Haustiere.

ERNTEZEIT

Wenn das Getreide reif war (zwischen März und Juni), wurde es mit Sicheln abgeerntet. Manchmal wurden Soldaten als Erntehelfer eingesetzt. Bevor die Sommerhitze einsetzte, musste die Ernte eingebracht sein, sonst wären die Felder verbrannt und die Zeit hätte nicht gereicht, um die Kanäle rechtzeitig vor der nächsten Flut zu reparieren.

Dieses Grabgemälde zeigt Bauern beim Worfeln des Getreides.

Das geerntete Korn wurde auf Esel verladen und zur Tenne gebracht. Dort ließ man Kühe und Esel darauf herumtrampeln. Dadurch wurde das Korn von den Ähren und Halmen befreit. Danach kam das Worfeln. Die zertretenen Ähren wurden mit hölzernen Schaufeln hochgeworfen, sodass der Wind die Spreu von den Körnern trennte. Ein Zehntel des Korns wurde dem König als Steuer übergeben. Manche Bauern mussten auch an den Grundbesitzer einen Teil der Ernte abtreten.

FLEISCH UND MILCH

Die meisten Flächen wurden zum Getreideanbau genutzt, nur wenige dienten als Weideland. Schafe, Ziegen und Schweine gab es überall. Sie wurden oft mit Gänsen, Enten und Tauben als Haustiere gehalten. Rindfleisch war ein besonderer Luxus. Nur Reiche konnten es sich leisten, Rinder ihres Fleisches und ihrer Milch wegen zu halten.

WAS WURDE ANGEBAUT?

Zwar war Getreide das häufigste Anbauprodukt, doch manche Bauern bauten auch Flachs zur Stoffherstellung an. Außerdem gab es viele Felder, auf denen Gemüse und Obst wuchsen, darunter Bohnen, Linsen, Zwiebeln, Knoblauch, Salat, Gurken, Lauch, Melonen, Trauben, Granatäpfel, Datteln und Feigen.

DAS HANDWERK

Im alten Ägypten waren die Handwerker hoch angesehene Mitglieder der Gesellschaft und wurden sehr gut bezahlt. Obwohl ihnen nur sehr einfache Werkzeuge und Techniken zur Verfügung standen, waren die Ergebnisse ihrer Arbeit von unglaublicher Vollkommenheit.

WERTVOLLE ARBEIT

Die meisten Handwerker standen im Dienst des Pharaos. Sie arbeiteten an Grabmälern, an Tempelbauten mit ihrer prächtigen Ausstattung und an Palästen. Um ihr Einkommen aufzubessern, übernahmen viele von ihnen in ihrer Freizeit zusätzlich private Aufträge.

DEIR EL-MEDINEH

Wir wissen heute sehr viel über das Leben der Handwerker im Dorf Deir el-Medineh, die im Tal der Könige die Pharaonengräber geschaffen haben. Sie waren vermögender als die einfachen Handwerker und hatten genug Freizeit, um auch sich selbst prächtige Grabstätten zu errichten. Auch zu Hause ließ ihre Arbeit sie nicht los: Auf zahllosen Tontäfelchen finden sich ihre Zeichnungen und Entwürfe.

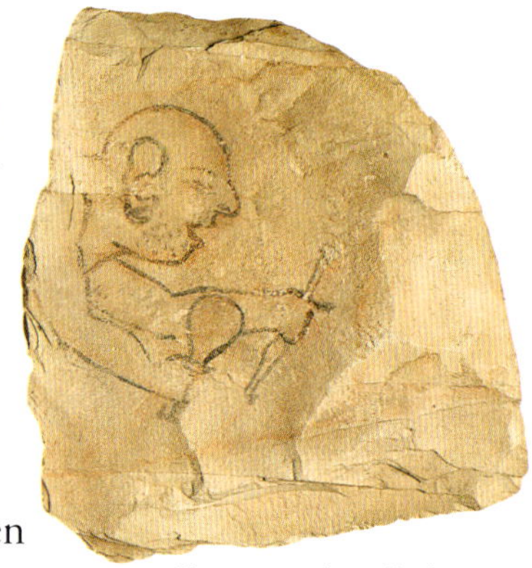

Dieser unrasierte Steinmetz wurde von einem anderen Handwerker in Deir el-Medineh auf eine Tonscherbe skizziert.

Als Lohn erhielten die Handwerker kein Geld, sondern Getreide, Fisch, Gemüse, Fleisch, Salz, Bier und Öl und gelegentliche Zuwendungen wie Silber oder Wein. Sie bekamen so viel Getreide, dass sie einen Teil davon gegen andere Dinge eintauschen konnten. Weil das Dorf in der Wüste lag, beschäftigten sie Diener, die sie mit Wasser versorgten, und weibliche Sklaven, die ihnen das Korn mahlten.

Die Handwerker verfügten über gutes und langlebiges Werkzeug wie dieses Zimmermannsmesser.

IN DEN GRABKAMMERN

Während der Arbeit in den Grabkammern lebten die Handwerker in kleinen Hütten im Tal der Könige. Ihre Arbeitszeit betrug acht Stunden pro Tag mit einer langen Mittagspause dazwischen. Alle zehn Tage hatten sie einen Tag frei. Für religiöse Feste, von denen es viele gab, erhielten sie Sonderurlaub. Die Männer arbeiteten in zwei Gruppen, auf jeder Seite der Grabkammer eine. Jede Gruppe hatte einen Vorarbeiter. Ein Schreiber führte eine Liste über Material und Werkzeug, Lohnzahlungen und Anwesenheit.

Modell einer Schreinerwerkstatt aus der Zeit des Mittleren Reichs

Handwerker, die in ihrer Werkstatt mit Goldarbeiten beschäftigt sind.

HANDWERKSBERUFE

Es gab viele verschiedene Handwerksberufe. Jeder hatte eine andere Arbeitsmethode und verwendete unterschiedliches Werkzeug. Dazu einige Beispiele:

- Zimmerleute arbeiteten mit verschiedenen Hölzern. Für die Herstellung ihrer Statuen und Möbel verwendeten sie das Holz einheimischer Bäume wie Sykomoren, Feigenbäume und Palmen sowie importiertes Zedern- und Ebenholz.
- Kunstschmiede und Juweliere arbeiteten mit Kupfer, Bronze, Silber, Gold und Elektron (einer Legierung aus Gold und Silber), das sie nach dem Gießen in Form hämmerten. Außerdem stellten Kunstschmiede auch Modelle und Statuen aus gegossenem Metall her. Sie schmolzen es ein und füllten es anschließend in steinerne oder tönerne Formen.
- Töpfer arbeiteten meist mit Lehm, doch oft stellten sie ihre Töpfe und Schalen auch aus besonders schönen Steinen her, die sie in der Wüste sammelten. Manche dieser Gefäße wurden mit einer Glasur (Fayence) überzogen, sodass sie aussahen, als seien sie aus Glas.
- Für Glasgefäße stellte man zunächst eine Gussform aus Lehm und Sand her. Diese Form kam in einen Topf mit geschmolzenem Glas. Wenn das Glas abgekühlt war, wurde die Lehmmischung herausgekratzt.

IN EINER WERKSTATT

Viele Wandgemälde belegen, dass Handwerker meist in gemeinsamen Werkstätten zusammenarbeiteten. Wie in den Grabkammern achteten Vorarbeiter darauf, dass nur erstklassige Arbeit abgeliefert wurde, die Listen der Schreiber vollständig waren und korrekt geführt wurden. Außerdem waren sie für das strenge Sicherheitssystem verantwortlich, besonders in Werkstätten, in denen mit Gold, Silber oder Edelsteinen gearbeitet wurde.

Dieses Relief zeigt einen Metallarbeiter, der mit einem Blasebalg das Feuer anfacht – eine schwierige, schweißtreibende Arbeit, die auch gefährlich sein konnte.

ARBEIT FÜR ALLE

Es gab vieles, was für die Menschen im alten Ägypten unerlässlich war. Dazu gehörten Brot, Öl und Bier, Leinen für die Bekleidung und Lehmziegel, mit denen die Häuser gebaut wurden. Viele Menschen waren damit beschäftigt, diese Dinge herzustellen.

Dieses Wandgemälde einer Grabkammer zeigt die verschiedenen Arbeitsgänge bei der Weinherstellung.

BROT BACKEN

Egal, ob man im alten Ägypten reich oder arm war, Brot war ein wichtiger Bestandteil der Ernährung. Es gab Brote in allen Formen und Größen, das aus verschiedenen Mehlsorten gebacken wurde. Die reichen Leute aßen am liebsten Weißbrot, doch die meisten bevorzugten ein dunkles Brot aus grob gemahlenem Mehl. Auch süßes Gebäck, oft fantasievoll und lustig geformt, war sehr beliebt.

Der Brotteig wurde aus Wasser und Mehl hergestellt. Diese Aufgabe oblag den Frauen und Dienern. Waren die Männer auf einer Großbaustelle (z. B. beim Tempelbau) beschäftigt, wurden riesige Mengen Brot direkt vor Ort gebacken.

DIE GETRÄNKEKARTE

Das beliebteste Getränk in Ägypten war Bier. Dazu wurden Getreide und Brot in Wasser eingeweicht, zu Brei zerstampft, gesiebt und zum Gären ruhig gestellt. Anschließend wurden Gewürze und Datteln zugegeben und das Ganze erneut durch ein Sieb gepresst. Man bewahrte das fertige Bier in großen Tongefäßen auf, die mit Lehmstöpseln verschlossen wurden. Es war jedoch nicht lange haltbar.

Die Reichen tranken gerne Wein. Die Trauben wuchsen an riesigen Spalieren und wurden gepresst, sobald sie reif waren. Anschließend wurden sie in großen Trögen zertreten. Der ausfließende Saft wurde in Tongefäßen aufgefangen und zum Ruhen kühl gestellt. Nach der Gärung war der Wein fertig.

Modell aus der Zeit des Mittleren Reichs: Die linke Figur ist mit der Herstellung von Bier beschäftigt.

Die beiden Figuren rechts kneten den Teig fürs Brotbacken.

WERTVOLLES SCHILF

Das Schilf, das an den Ufern des Nil wuchs, verwendete man vielfach. Aus ihm wurden Boote und Dächer gemacht, getrocknet entstanden aus ihm Körbe, Matten, Kisten und Sandalen. Ein besonderes Schilfgras, der Papyrus, lieferte das Material für die kostbaren Papyrusrollen, auf denen die Schreiber ihre Aufzeichnungen machten.

Papyruspflanze

Zur Papierherstellung wurde die äußere Haut entfernt.

Das Mark schnitt man in Streifen und weichte es ein.

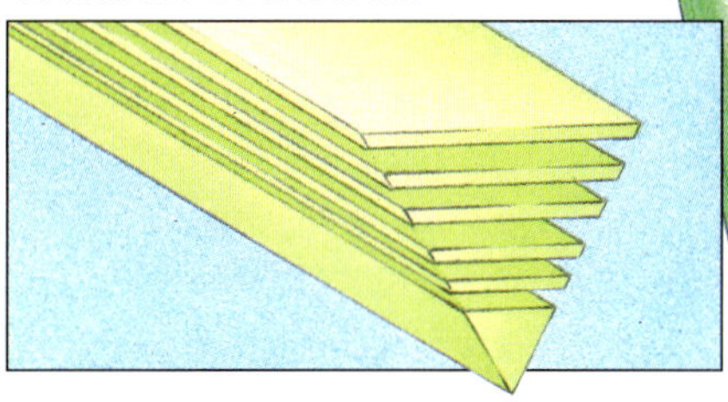

Die Streifen wurden kreuzweise übereinander gelegt und mit Gewichten gepresst.

LEINEN HERSTELLEN

Leinen wurde aus Flachs hergestellt. Seine Qualität reichte von grober, rauer Beschaffenheit bis zu edelstem „königlichem" Stoff, der so fein war, dass man hindurchsehen konnte. Mit der Herstellung dieses Leinens waren nur ausgebildete Facharbeiter beschäftigt.

Nach der Ernte wurden die Flachsstängel in Wasser eingeweicht und anschließend weich geklopft. Mit einem Kamm kämmte man die einzelnen Stränge aus und legte sie zum Trocknen in die Sonne. Dann wurden sie mit Spindeln zu langen Fäden gesponnen. Auf Webstühlen verarbeitete man diese Fäden dann zu Stoffbahnen.

Diese ägyptischen Leinenmuster fand man in dem Handwerkerdorf Deir el-Medineh.

SCHLAMM, SAND UND STROH

Die Häuser wurden grundsätzlich aus Lehmziegeln und nicht aus Stein erbaut. Dazu vermischte man Sand und geschnittenes Stroh mit Schlamm, der für die nötige Bindung sorgte. Diese Masse wurde in hölzerne Ziegelformen gegossen und einige Tage in der Sonne zum Trocknen stehen gelassen. Das war schon alles! Die Lehmziegel waren fertig und konnten nun zum Bauen verwendet werden.

DIENER UND SKLAVEN

Vor der Zeit des Neuen Reichs gab es kaum Sklaven in Ägypten. Die Reichen hatten Diener, die die tägliche Hausarbeit verrichteten und die Gäste bewirteten. Doch dann stieg Ägypten zur Großmacht auf, die ihre Kriegsgefangenen zu Sklaven machte. Es gab so viele von ihnen, dass sogar einfache Handwerker sie sich leisten konnten. Das Leben eines Sklaven war hart, wenn er in Steinbrüchen und auf Baustellen arbeiten musste. Manche hatten das Glück, einen freundlichen Herrn zu bekommen, der sie gut behandelte und manchmal sogar freiließ.

Ein Sklave trägt Wertsachen seines Herrn.

BILDUNG FÜR WENIGE

Der Großteil der Bevölkerung konnte weder lesen noch schreiben. Weil vieles schriftlich festgehalten werden musste, hatten die Menschen, die schreiben konnten, immer viel zu tun. Die Schreiber wurden vom Volk beneidet, denn sie brauchten nicht unter der heißen Sonne zu schuften, und waren sehr geachtet.

In Schulen wie dieser Tempelschule lief der Unterricht sehr streng ab. Wenn die Schüler sich schlecht benahmen, wurden sie geschlagen.

WER GING ZUR SCHULE?

Den Besuch einer Schule musste man bezahlen. Deshalb hing die Schulausbildung davon ab, ob man sie sich leisten konnte. Die Bauern unterrichteten ihre Söhne selbst. Die Töchter armer Familien erhielten nur selten eine schulische Ausbildung. In reichen Familien wurde Jungen und Mädchen das Schreiben, Lesen und Rechnen beigebracht.

Es gab verschiedene Schulen. Wer aus einer adeligen Familie stammte, wurde in den Palästen gemeinsam mit den Kindern der königlichen Familie unterrichtet. An der nächsthöheren Stelle standen die Tempelschulen. Auch in den Dörfern gab es Schulen, die den heiligen Stätten angeschlossen waren.

WAS MUSSTE MAN LERNEN?

Jungen kamen im Alter von etwa fünf Jahren in die Schule, wo sie lernten Hieroglyphen und hieratische Schrift zu schreiben und zu lesen (siehe S. 86–87). Sie verbrachten viel Zeit damit, Texte zu kopieren und auswendig zu lernen, um ihre Schreib- und Lesekünste zu vervollkommnen. Im Unterricht verwendeten die Lehrer ein Buch, das *Kemit*, das einfache Buchstaben, Musterbriefe und nützliche Ausdrücke enthielt. Ältere Studenten beschäftigten sich mit schwierigeren Büchern wie den *Büchern der Weisheit,* die junge Männer gutes Benehmen und Anstand lehrten. Andere Schriften handelten davon, wie erstrebenswert es war, ein Schreiber zu sein, und versprachen, dass es keinem Schreiber je an Nahrungsmitteln oder an Wohlstand mangeln würde.

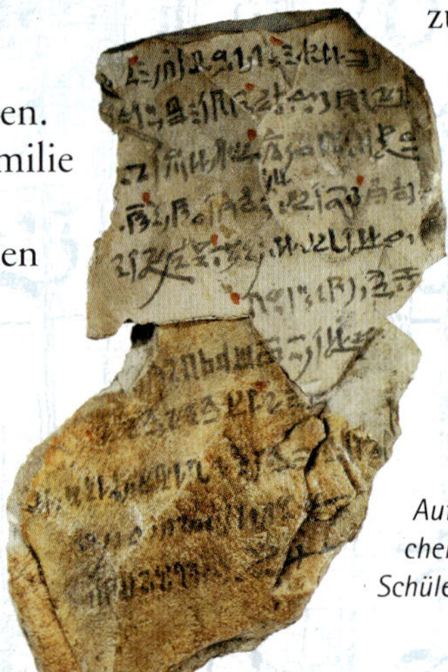

Auf solche Tontäfelchen schrieben die Schüler ihre Texte.

DER NÄCHSTE SCHRITT

Sobald ein Schüler die Grundkenntnisse des Lesens und Schreibens beherrschte, konnte er den Beruf eines Schreibers ergreifen. Bei vielen endete damit die Karriere. Andere studierten weiter und beschäftigten sich mit Mathematik, Geschichte, Literatur, Religion, Geografie, Sprachen, Vermessungswesen, Maschinenbau, Astronomie, Medizin oder Rechnungswesen.

DER SCHREIBER

Auch wenn man nicht weiterstudierte – als Schreiber hatte man immer zu tun. Briefe und Gesetzestexte, Eheverträge und geschäftliche Abkommen mussten festgehalten werden. Außerdem kopierten die Schreiber Dokumente aus den Bibliotheken der Tempel und verfassten die Fragen der Menschen an die Götter.

In jedem Regierungsamt gab es Schreiber. Wenn man klug war und über gute Beziehungen verfügte, konnte man seine gesellschaftliche Stellung erheblich verbessern. Schreiber, die Steuer- und Gesetzestexte verfassten oder im Außenministerium arbeiteten, konnten zum königlichen Ratgeber oder zum Minister aufsteigen.

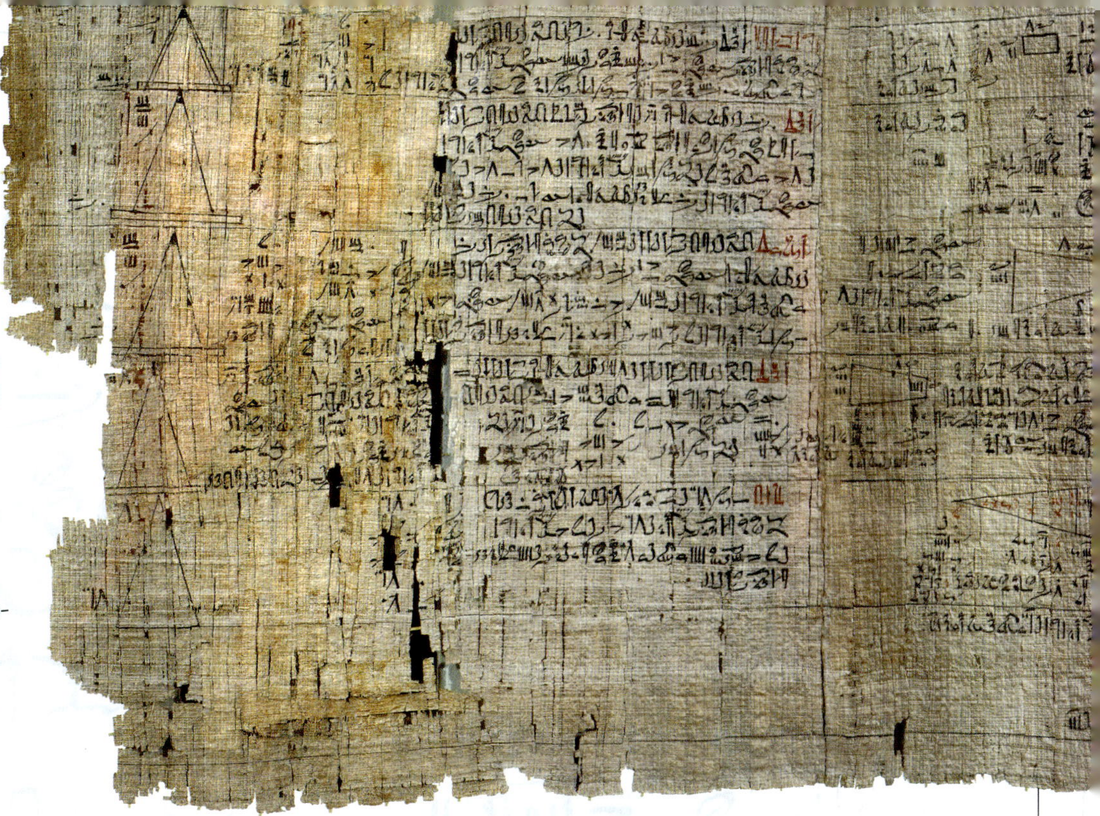

Das Rhind-Papyrus befasst sich mit verschiedenen mathematischen Problemen und ihren Lösungen.

WAS EIN SCHREIBER BENÖTIGTE

Wichtige Dokumente verfasste man auf Papyrus (siehe S. 83). Weil es sehr teuer war, wurden weniger wichtige Texte auf Holztafeln, deren Gipsschicht leicht gereinigt werden konnte, oder auf Tontafeln, den Ostraka, geschrieben. Tinte gab es in zwei Farben: Schwarz und Rot. Sie wurde getrocknet in kleinen Vertiefungen einer Palette aufbewahrt und mit Wasser angerührt, wenn sie gebraucht wurde. Mit dünnen Schilfrohren, die ein wenig wie Pinsel aussahen, schrieb man.

Die Tintenpalette eines Schreibers. Um die Tinte anrühren zu können, gehörte ein Töpfchen mit Wasser zu seiner Ausrüstung.

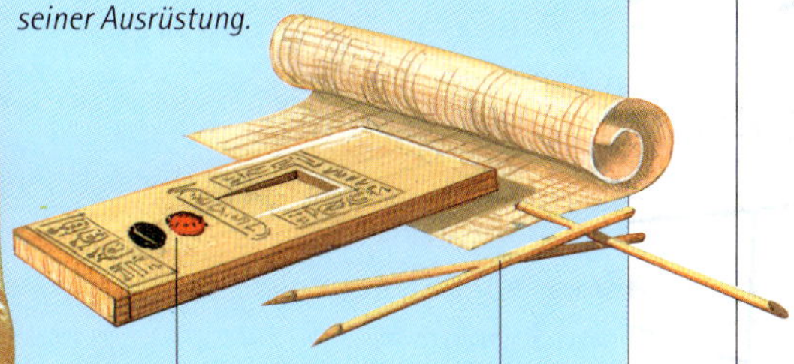

Ein Schreiber mit einem Schriftstück aus Papyrus auf seinem Schoß

SCHRIFTEN DER GÖTTER

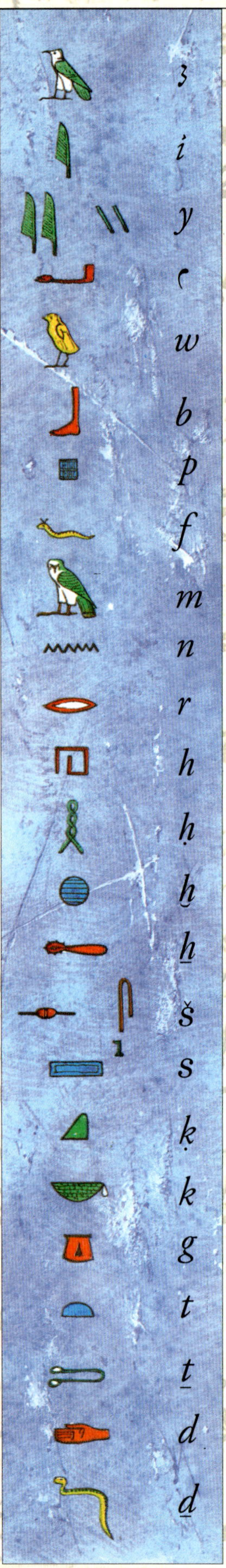

Jedes dieser 24 Zeichen symbolisiert einen Mitlaut.

Die altägyptische Sprache wurde auf zwei verschiedene Arten geschrieben. Für die auf Denkmälern eingemeißelten Inschriften verwendete man die Hieroglyphen. Auf Papyrus dagegen bevorzugte man eine einfachere und schneller zu schreibende Variante der Hieroglyphen: die hieratische Schrift.

HEILIGE SCHRIFT

Die Ägypter glaubten, dass ihnen die Fähigkeit, zu schreiben, von Thot, dem Gott der Weisheit, geschenkt worden war. Sie nannten seine Schrift *mdw nṯr*, „die Worte Gottes", und glaubten, dass die Schriftzeichen eine geheime Macht besaßen und zum Leben erwachen konnten.

Die Griechen gaben dieser Schrift den Namen *Hieroglyphen*, was „heilige gemeißelte Schrift" bedeutet. Sie nannten sie deshalb so, weil Hieroglyphen in Stein gemeißelte Zeichen oder an die Wände der Grabkammern gemalte Symbole waren und nicht auf Papyrus geschrieben wurden.

In eine Wand geritzte Hieroglyphen in einer Grabkammer im Tal der Königinnen

DIE BILDERZEICHEN

Die hieroglyphische Schrift besteht aus mehr als 700 einzelnen Symbolen. Einige einfache Zeichen sollen hier erklärt werden:

Viele Symbole stehen für einen realen Gegenstand. Sie werden oft mit einem kleinen Strich versehen, der das anzeigt.

r = Mund

Ein Zeichen muss nicht immer für einen Gegenstand stehen. Es kann in einem Wort auch nur einen Laut symbolisieren. Es gibt 24 Bildsymbole, die einen einzelnen Laut repräsentieren.

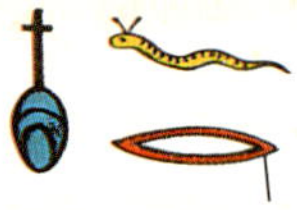

nfr = schön (sprich „nefer")

Das Zeichen bedeutet hier „r", nicht „Mund".

Viele Symbole stehen für Buchstaben- oder Lautgruppen und haben oft mehrere Bedeutungen.

kꜣ = Geist (sprich „ka")

ḥtp = Altar (sprich „hotep")

ḫꜣst = Hügel (sprich „haset")

Oft ließ sich anhand der Symbole nicht erkennen, welche Bedeutung ein Wort hatte. Deshalb wurde an sein Ende noch ein Zeichen gesetzt, das diese Bedeutung festlegte. Diese Zeichen nennt man Determinative.

ḫpi = gehen (sprich „khepi")

Determinative

miiw = Katze (sprich „mioow")

VOKALE HINZUFÜGEN

Es gibt keine Hieroglyphen, die für Vokale stehen. Diese mussten in der gesprochenen Sprache ergänzt werden, ganz ähnlich wie heute noch im Arabischen. Wie sich die ägyptische Sprache der Antike anhörte, wissen wir nicht genau. Deshalb können wir über die Aussprache der Vokale nur Vermutungen anstellen. Das führte dazu, dass ägyptische Namen und Begriffe in der Literatur oft ganz unterschiedlich geschrieben werden.

HIEROGLYPHEN LESEN

Es dauert sehr lange, bis man Hieroglyphen lesen kann. Am besten beginnt man damit, die Schriftbilder der Namen von Königen und Königinnen auswendig zu lernen. Sie sind leicht zu erkennen, weil sie immer in einem ovalen Rahmen erscheinen, den man Kartusche nennt und der dazu diente, den königlichen Namen zu schützen. Hieroglyphen lassen sich von links nach rechts, von rechts nach links oder von oben nach unten lesen. Die Richtung wird durch Symbole wie Menschengestalten oder Vögel gekennzeichnet, die am Beginn eines Satzes stehen. Hier einige Beispiele:

Diesen Satz liest man von links nach rechts: „Sohn des Ra, Herr der Erscheinungen, Sethos von Ptah geliebt".

Derselbe Satz wie oben, von rechts nach links zu lesen

Diese Hieroglyphen müssen von rechts nach links und von oben nach unten gelesen werden. Die rechte Spalte bedeutet: „König von Ober- und Unterägypten. Herr der zwei Länder, von Amun geliebter User-Kheperu-Ra".

HIERATISCHE UND DEMOTISCHE SCHRIFT

Die hieratische (priesterliche) Schrift ist eine Art Kurzschrift und wurde im Alten Reich entwickelt. Sie erhielt ihren Namen von den Griechen, weil sie hauptsächlich von den Priestern verwendet wurde. Während der Spätzeit (um 700 v. Chr.) entstand eine neue Kurzschrift. Sie war noch einfacher als die hieratische Schrift. Man nannte sie die „demotische Schrift", was so viel bedeutete wie „Schrift des Volkes".

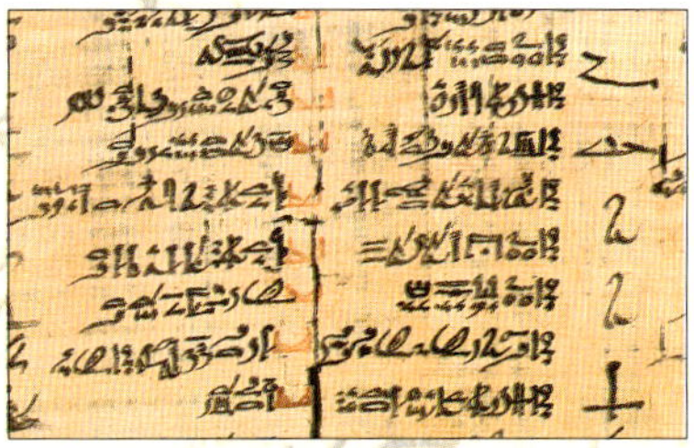

Hieratische Schreibweise

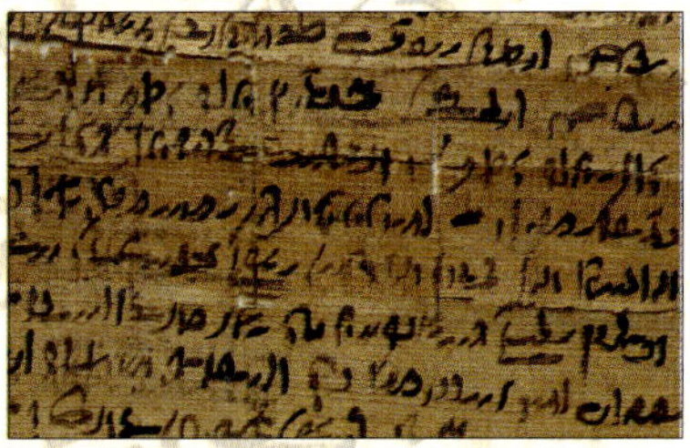

Demotische Schreibweise

WAS GESCHAH DANACH?

Als die Ära der Ptolemäer zu Ende ging, musste auch die ägyptische Kultur mehr und mehr dem Christentum weichen. Auch die Sprache veränderte sich, weil sich der christliche Glaube mit ihr nicht darstellen ließ.

Die neue, christliche Sprache war die koptische. Bis heute werden ägyptische Christen als Kopten bezeichnet. Und tatsächlich ist die Sprache, in der in koptischen Kirchen der Gottesdienst gefeiert wird, der Sprache des alten Ägypten sehr ähnlich.

Eine Tempelsäule mit in mühsamer Arbeit sorgfältig eingeritzten Hieroglyphen

FRÖHLICHE FESTE FEIERN

Die Ägypter liebten es, Feste zu feiern. Die Wandgemälde in den Grabkammern zeigen Bankette, Feiern und Jagdszenen. Die Grabkammern wurden damit geschmückt, um zu gewährleisten, dass dem Verstorbenen auch nach dem Tode ein angenehmes Leben sicher war.

Dieses Wandgemälde aus der Grabkammer des Nebamun zeigt, wie die Gäste eines Banketts unterhalten wurden. Alle trugen Salbkegel auf den Köpfen.

AUSGELASSENE FESTE

Reiche Ägypter gaben oft Feste für ausgewählte Freunde. Sie bewirteten sie mit Unmengen von Fleisch, Gemüse und Obst, Wein und Bier. Der Speiseraum war mit Blumen- und Obstkörben geschmückt und aus den Vorratskammern wurden die schönsten Teller und Tassen geholt.

Ein Diener bringt eine Gans, die für ein Fest geschlachtet werden soll.

Die Gäste wurden mit Blumengirlanden begrüßt und wuschen ihre Hände in Schalen mit duftendem Wasser. Wenn sie sich auf Kissen, Stühlen oder Hockern niedergelassen hatten, servierte man das erste Glas Wein. Ein Diener setzte allen einen kleinen Kegel aus parfümierter Salbe auf den Kopf. Im Lauf der Stunden wurde die Salbe flüssig, tropfte an den Perücken herunter und sorgte für Kühle und angenehmen Duft.

Dann begann das eigentliche Fest. Bescheidenheit und Zurückhaltung brauchte niemand zu zeigen. Jeder aß und trank so viel er konnte und amüsierte sich königlich.

Das Essen wurde in Schalen serviert. Diese stammt aus der Zeit der 18. Dynastie.

MUSIK UND TANZ

Außer gutem Essen und gutem Wein gab es auf Festen auch ein Unterhaltungsprogramm. Während der Ankunft der Gäste und während des Essens spielten Musiker auf Harfen und Leiern, Flöten, Pfeifen und Trommeln. Nach dem Essen traten Sänger, Geschichtenerzähler, Tänzer, Akrobaten und Jongleure auf.

Ein Flötenspieler und ein Sänger sorgen auf einem Fest für Unterhaltung.

FREMDARTIGE TIERE

Wilde Tiere boten den Adligen einen besonderen Anreiz. Wer es sich leisten konnte, jagte in der Wüste Hasen, Füchse, Antilopen, Strauße und sogar Löwen. Zunächst jagte man noch zu Fuß. Im Neuen Reich benutzte man dann von Pferden gezogene Wagen. Solche Jagden waren ein ausgezeichneter Vorwand für Feiern mit Picknick, Trinkgelagen und anderen Vergnügungen.

ENTSPANNUNG ZU HAUSE

Neben ihren vielseitigen Freizeitaktivitäten genossen die Ägypter es auch, sich zu Hause bei Brettspielen zu entspannen. Das beliebteste Spiel nannte sich „Senet“. Es wurde überall gespielt – bei Hofe und bei den Bauern auf dem Land.

Leider sind die Spielregeln für „Senet“ verloren, doch die Forscher haben inzwischen herausgefunden, wie das Spiel wahrscheinlich funktionierte.

JAGD ALS ZEITVERTREIB

Für die meisten Ägypter waren Jagen und Fischen lebenswichtig, doch die Reichen jagten zum Vergnügen. Am gefährlichsten war die Jagd auf Krokodile und Nilpferde. Eine Gruppe von Jägern harpunierte die Tiere und zog sie dann mit Seilen und Netzen ans Ufer.

Die Adligen jagten, begleitet von ihren Dienern, vor allem Vögel. Sie nahmen auch ihre Hauskatzen mit, um das Spiel noch spannender zu machen. Um die Vögel zu erlegen, verwendeten die Adligen spezielle Wurfstöcke, die den Vögeln das Genick brachen.

Es wurden Stöcke geworfen, um den Vögeln das Genick zu brechen.

Wandgemälde zeigen das Interesse der Ägypter an Vögeln und anderen Tieren.

DIE BEKLEIDUNG

Die alten Ägypter legten großen Wert auf ihre äußere Erscheinung, doch ihre Kleidung war schlicht und änderte sich im Laufe der Jahrhunderte nur wenig. Dafür trugen sie viel Schmuck. Die Kleidung der Reichen war prachtvoll und mit wertvollem, schmückendem Zubehör ausgestattet.

Eine Dienerin mit einem bunt gemusterten Kleid

ALLTAGSKLEIDUNG

Meist war die Kleidung aus Leinen gefertigt. Die Reichen trugen feines, hauchzartes Leinen, die Bekleidung der ärmeren Bevölkerung war von grober und rauer Qualität. Bis zur Zeit des Neuen Reichs trugen die Frauen ein einfaches, eng anliegendes, bis zu den Knöcheln reichendes Gewand mit Schulterträgern. Die Männer trugen einen Leinenrock, der um die Taille gewickelt wurde und bis zu den Knien oder den Knöcheln reichte. Im Winter trugen Männer und Frauen warme Umhänge aus dicht gewebtem Leinen. Die Ägypter gingen meistens barfuß; nur manchmal trugen sie aus Papyrus gefertigte Sandalen. Die Reichen besaßen solche aus üppig verziertem Leder.

Diese Statuen zeigen ein Paar des Alten Reichs, Rahotep und Nofretete. Rahotep trägt einen einfachen Rock und Nofretete ein Kleid, eine Perücke und einen Umhang.

DIE NEUE MODE

In der Zeit des Neuen Reichs wurden Umhänge aus feinstem, gefälteltem Leinen für Männer und Frauen gleichermaßen modern. Wegen der plissierten Falten sah das Leinen am Körper sehr elegant aus. Die Frauen begannen über ihrer Tunika (einer Art Unterkleid) ein zweites Kleidungsstück zu tragen, ein plissiertes Kleid mit von Ornamenten geschmücktem Saum. Die Männer trugen über ihrer kurzen Tunika aus Leinen einen aus feinstem, beinahe durchsichtigem Leinen gefertigten Überwurf.

Auf diesem Wandgemälde in einer Grabkammer aus dem Neuen Reich sieht man die prächtigen, neuen Gewänder der Männer und Frauen.

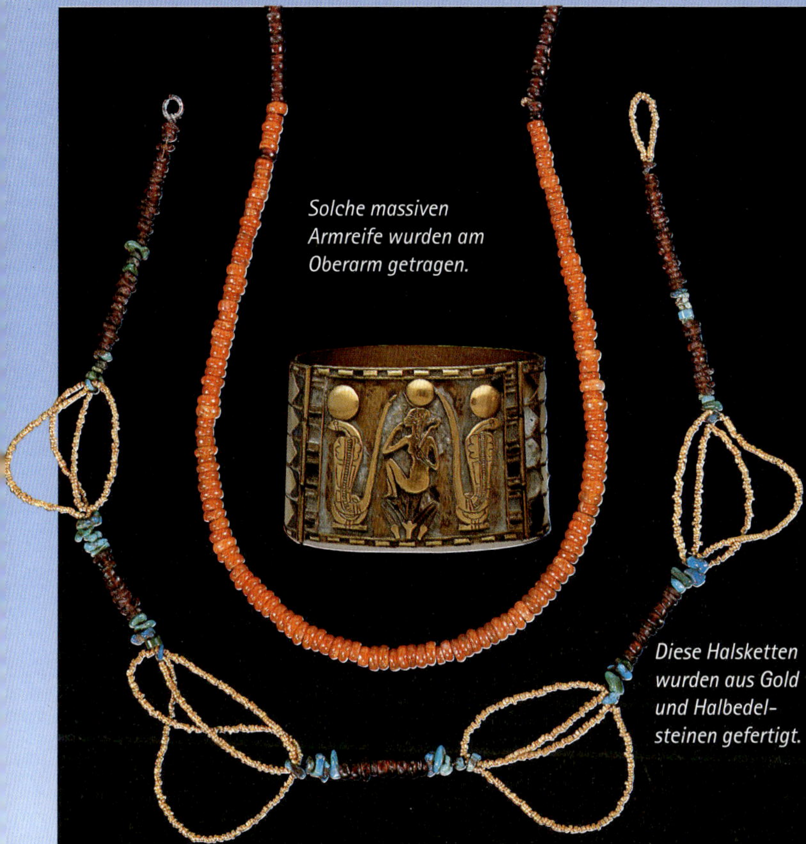

Solche massiven Armreife wurden am Oberarm getragen.

Diese Halsketten wurden aus Gold und Halbedelsteinen gefertigt.

SCHMUCK UND VERZIERUNGEN

In Ägypten war eine Bekleidung nicht vollständig, wenn sie keine Amulette, Halsketten, Armbänder oder andere Verzierungen zeigte. Der Schmuck der Armen wurde aus Kupfer oder Fayence gefertigt. Die Reichen trugen Accessoires aus Gold, Silber oder Elektron, die oft mit Halbedelsteinen oder Glas dekoriert waren.

Das auffallendste Accessoire war der dekorative Schmuckkragen, der sowohl von Dienerinnen als auch ihren Herrinnen gern getragen wurde. Schmuckkrägen bestanden aus einer breiten Reihe von Perlen- oder Edelsteinketten, die man um den Hals trug. Sie waren auch bei den Männern beliebt.

PERÜCKEN UND FRISUREN

Männer trugen ihr Haar meist kurz, nur die Adligen ließen es länger wachsen. Außerdem waren sie glatt rasiert (Sehr ungewöhnlich ist Rahoteps Bart – siehe linke Seite). Jungen rasierten sich die Köpfe bis auf eine Stelle, an der sie einen Haarzopf trugen.
Die Frauen trugen ihr langes Haar entweder offen oder in Zöpfen, die auf die verschiedenste Weise getragen und mit Blumen und Bändern geschmückt wurden.

Bei Feierlichkeiten trugen Frauen und Männer Perücken. Die Perücken der Reichen stellten mit ihren Locken und Strähnen wahre Kunstwerke dar. Gehänge aus wertvollem Schmuck, Juwelen und Bänder vergrößerten ihre Pracht. Die wertvollsten Perücken waren aus echtem Haar gefertigt, die einfacheren aus schwarzer Wolle.

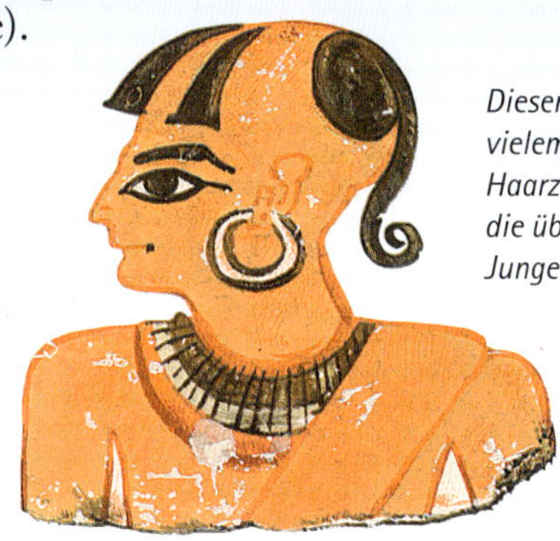

Dieser Junge trägt neben vielem Schmuck den Haarzopf der Jugend – die übliche Frisur für Jungen seines Alters.

Der Salbkegel auf dem Kopf dieser Frau besteht aus parfümiertem Fett.

Das Gemälde rechts zeigt eine Frau des Neuen Reichs, die eine langhaarige, fein gearbeitete Perücke trägt, verziert mit der heiligen blauen Lotosblume.

REISE UND TRANSPORT

Der Nil, der das ganze Land durchquert, war die größte Verkehrsader Ägyptens. Mit dem Bau von Straßen hätte man im Niltal nur wertvolles Ackerland vergeudet – außerdem wären sie während des alljährlichen Hochwassers zerstört worden. Die wichtigsten Transportmittel waren daher Boote und Schiffe.

KURZREISEN

Die einfachen Leute reisten kaum. Sie überquerten hin und wieder den Nil und legten nur kurze Strecken zurück. Schon seit der Frühgeschichte Ägyptens verwendeten sie für den Fischfang Boote aus Schilfbündeln, mit denen sie auch kurze Fahrten unternahmen. Nach der Zeit des Alten Reichs wurden alle Boote (auch die Passagierfähren) aus Holz gebaut.

NIL AB- UND AUFWÄRTS

Auf dem Nil mit einem Boot nach Norden zu fahren war leicht, weil dies die Strömungsrichtung war. Allerdings wehte meist auch der Wind aus Norden, sodass man mit einem Segelschiff auch bequem Richtung Süden, also flussaufwärts, fahren konnte. Auf Wandgemälden kann man daran, ob ein Boot die Segel gesetzt hat oder nicht, erkennen, ob es nach Norden oder nach Süden fährt.

Die Hieroglyphe für „nach Süden reisen" zeigt ein Boot mit Segel.

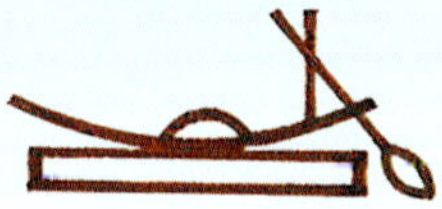

Die Hieroglyphe für „nach Norden reisen" zeigt ein Boot ohne Segel.

VERGNÜGUNGSREISEN

Die Menschen nutzten den Nil in erster Linie für ihre Reisen, doch sie verbrachten auch viel Zeit auf dem Fluss, um sich zu entspannen und zu vergnügen. Besonders die Adligen machten es sich zu einem angenehmen Zeitvertreib, den Nil hinauf- und hinabzufahren. Auf ihren prachtvollen Booten standen große Baldachine, die die Passagiere vor der brennenden Sonne schützten.

Ein beliebter Zeitvertreib war die Jagd auf Vögel, Krokodile und Nilpferde. Doch die Menschen gingen auch gerne schwimmen. Es fanden Bootrennen und Bootzweikämpfe statt, bei denen die Besatzungen versuchten sich gegenseitig umzustoßen und ins Wasser zu werfen.

Das Boot eines Adligen mit einem Baldachin als Sonnenschutz

Eine kleine Passagierfähre

LASTKÄHNE

Für die Beförderung von besonders schweren Lasten gab es riesige, massiv gebaute Schiffe. Zu den schwersten Lasten gehörten die Steinblöcke, die für den Bau von Pyramiden und Denkmälern gebraucht wurden. Sie wurden meist auf Schleppkähnen transportiert, die zu groß waren, als dass man sie hätte rudern können. Deshalb wurden sie von bis zu 27 kleinen Booten gezogen.

Die granitenen Obelisken der Königin Hatschepsut wurden von Assuan zur Tempelanlage in Karnak auf einem der größten Lastkähne gebracht, die jemals gebaut wurden. Man schätzt, dass dieses Boot mindestens 82 Meter lang war.

AUF DEM MEER

Ägyptische Händler segelten von der Mittelmeerküste aus in verschiedene Länder am östlichen Mittelmeer und reisten durch die Wüste ans Rote Meer, wo die Stadt Punt lag. Die Handelsschiffe, die auf dem Roten Meer fuhren, waren meist am Nil gebaut worden. Vor der Wüstendurchquerung wurden sie in Einzelteile zerlegt, dann ans Rote Meer transportiert und dort wieder zusammengebaut. Sie waren sehr massiv und verfügten über besonders viel Stauraum. Auf Seite 24 ist ein solches Schiff abgebildet.

DAS REISEN ZU LANDE

Wann immer es ging, versuchten die Ägypter auf dem Nil zu reisen. Aber manchmal waren sie doch gezwungen den Landweg zu benutzen. Normalerweise gingen sie dabei zu Fuß, nur bei Reisen durch die Wüste wurden die Menschen und Lasten von Eseln getragen.

Für die Reichen waren weite Reisen etwas bequemer. Die Adligen ließen sich von Sklaven in einer Art Sänfte tragen oder saßen in einer Trage, die zwischen zwei Eseln hin und her schwang. Manche von ihnen besaßen sogar Kutschen, die von Pferden gezogen wurden.

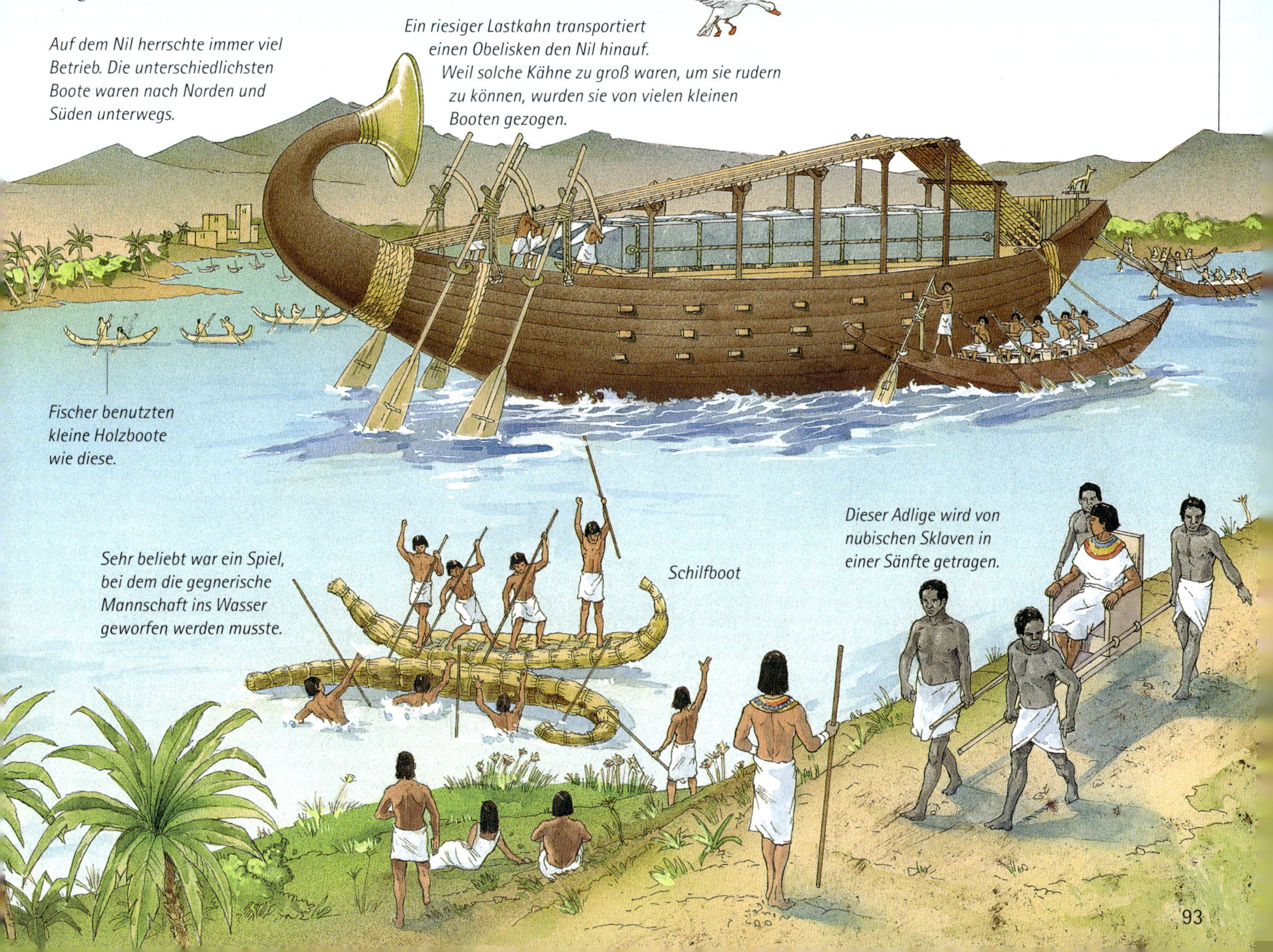

Auf dem Nil herrschte immer viel Betrieb. Die unterschiedlichsten Boote waren nach Norden und Süden unterwegs.

Ein riesiger Lastkahn transportiert einen Obelisken den Nil hinauf. Weil solche Kähne zu groß waren, um sie rudern zu können, wurden sie von vielen kleinen Booten gezogen.

Fischer benutzten kleine Holzboote wie diese.

Sehr beliebt war ein Spiel, bei dem die gegnerische Mannschaft ins Wasser geworfen werden musste.

Schilfboot

Dieser Adlige wird von nubischen Sklaven in einer Sänfte getragen.

MEDIZIN UND MAGIE

Ägyptische Ärzte waren im ganzen Mittleren Osten hoch geachtet. Manchmal wurden sie sogar in ferne Länder gerufen, um einen Prinzen zu behandeln. Die Medizin war eng mit der Religion verbunden. Wenn die Wissenschaft nicht half, griffen die Ärzte zur Magie.

Auf diesem Papyrus, dem „Londoner Medizin-Papyrus", sind Rezepte und Zaubersprüche zur Behandlung verschiedener Krankheiten niedergeschrieben.

WER WURDE ARZT?

Wahrscheinlich haben die Ärzte ihr Wissen immer nur an ihre Söhne weitergegeben, auch wenn man vermutet, dass es medizinische Schulen gab. Wenn die Ausbildung beendet war und die jungen Männer offiziell als Ärzte anerkannt waren, bezogen sie von der Regierung ein Einkommen.

Die meisten Ärzte arbeiteten als Allgemeinärzte in ihrer Gemeinde. Manche fanden eine Anstellung im Tempel oder als Betreuer der königlichen Armee. Besonders fähige Ärzte wurde in Dauerstellung an den Königshof gerufen.

DAS MEDIZINISCHE WISSEN

Ägyptische Ärzte wussten sehr viel über den menschlichen Körper. Sie hatten herausgefunden, dass das Herz Blut durch den Körper pumpt, besaßen Kenntnisse über das Nervensystem und kannten sich mit Knochenbrüchen aus. Doch ihr Wissen wies auch große Lücken auf. So glaubten sie z. B., dass Wasser, Luft und Nerven durch das Herz gehen und die Menschen nicht mit dem Gehirn, sondern mit dem Herzen denken.

VERSUCH UND IRRTUM

Ägyptische Ärzte lernten alles über Medikamente und Behandlungsmethoden, indem sie Versuche anstellten und Fehler machten – aus Schaden wird man klug. Sie wussten, wie wichtig eine gesunde Ernährung ist, und glaubten, dass zu viel Essen krank macht und den Körper verunreinigt. Sie waren der Überzeugung, dass Ruhe und Reinlichkeit Krankheiten verhindern und sogar heilen konnten.

An diesem Knochen sieht man deutlich, wo er gebrochen und wieder zusammengewachsen ist. Weil es noch keinen Gips gab, heilten Knochen oft schief zusammen.

BÜCHER UND SALBEN

Die Ärzte hatten Bücher, in denen sie nachlesen konnten, wie man Krankheiten erkennt und behandelt. Außerdem gab es Bücher über Anatomie, Frauenkrankheiten, Zahnheilkunde, Chirurgie und Tiermedizin.

Bei der Behandlung eines Patienten ging der Arzt streng methodisch vor. Er suchte nach Symptomen, stellte dem Kranken Fragen, untersuchte ihn, tastete ihn ab und roch an ihm. Er machte sich ausführliche Notizen und hielt Behandlungsmethode und Ergebnis fest. Diese Aufzeichnungen konnte er bei späteren Fällen wieder heranziehen.

Das Öl des Rizinusbaumes war wichtiger Bestandteil ägyptischer Medikamente. Wir kennen noch immer nicht alle Ingredienzen, weil noch nicht alle Hieroglyphen entziffert werden konnten.

Honig, Knoblauch und Rizinusöl waren wichtige Bestandteile der Medikamente. Honig verwendete man z. B. bei der Reinigung von Wunden.

Man stellte Medikamente aus Pflanzen, Mineralien und manchmal auch Tierteilen her. Die Zutaten wurden mit Wasser, Bier, Wein oder Milch vermischt und getrunken oder mit Öl angereichert und auf die Haut aufgetragen.

DIE ROLLE DER RELIGION

Für die Ägypter wurden Krankheiten durch böse Geister hervorgerufen, die den Körper heimsuchten. Deshalb wurden während der Behandlung eines Patienten bestimmte Gebete verlesen. Wenn die Medizin versagte, wandten sich die Ärzte der Religion und Magie zu. Der Ärztestand Ägyptens war in drei Gruppen unterteilt: Chirurgen, Priester und Zauberer.

Eine Opiumflasche. Opium war ein Betäubungsmittel, mit dem man Schmerzen linderte.

GÖTTER UND ZAUBERER

Die Götter Thot, Sachmet, Isis und Imhotep waren für die Heilung von Krankheiten zuständig. Deshalb besuchten die Menschen ihre Tempel, wenn sie krank waren. Manchen wurde sogar gestattet in einem kleinen Raum neben dem Tempel zu übernachten, damit die Götter sie im Traum besuchen konnten. Wenn alles fehlschlug, wurde ein Zauberer gerufen. Er sagte Zaubersprüche auf und malte mit seinem Zauberstab aus Elfenbein magische Kreise zum Schutz des Kranken rund um ihn auf den Boden.

Dieser Zauberstab aus Elfenbein diente als Schutz während der Geburt eines Kindes.

SCHÖNHEITSPFLEGE

Die Menschen hielten sehr auf körperliche Reinlichkeit und achteten auf ein gepflegtes Aussehen. Männer und Frauen parfümierten sich und benutzten Kosmetika, die sie in kunstvollen Behältern aufbewahrten.

BELIEBTE SCHÖNHEITSMITTEL

Viele Kosmetika wurden aus mit Öl vermischten Mineralien hergestellt. Besonders beliebt war der Eyeliner. Aus Malachit entstand grüner und grauer Lidschatten. Er unterstrich die Schönheit der Augen und schützte die Lider zugleich vor der brennenden Sonne. Auch Lippenstift und Rouge wurden gerne verwendet. Sie wurden aus rotem Ocker, einer speziellen Lehmart, hergestellt.

Als Nagellack und zum Aufmalen auf die Haut an Händen und Füßen wurde rotbraunes Henna benutzt, das aus den Blättern des Hennabaumes gewonnen wurde.

Die Bilder auf den Särgen zeigen, wie sich die Frauen die Augen schminkten.

Als Spiegel wurde blank poliertes Metall verwendet.

Die Reichen bewahrten ihre Kosmetika in herrlich verzierten Kästen wie diesem auf.

In diesem Glasbehälter wurde wahrscheinlich Parfüm aufbewahrt.

SÜSSE DÜFTE

In dem heißen Klima Ägyptens war Körperpflege besonders wichtig. Meist wuschen sich die Menschen im Fluss oder in einem Waschtrog oder Bassin zu Hause. Statt Seife verwendeten sie eine Reinigungsmilch aus Öl, Limettensaft und Parfüm. Sie rieben sich die Haut mit duftenden Ölen ein, damit sie unter der heißen Sonne nicht austrocknete. Zur Parfümherstellung wurden Blumen, Samen und Früchte in Ölen und tierischen Fetten eingeweicht. Auf Wandgemälden sieht man häufig, dass bei Feiern oft kleine Kegel aus parfümierter Salbe auf dem Kopf getragen wurden (siehe S. 89).

Lotosblüten wurden zur Herstellung von Parfüm und von den Frauen als Haarschmuck verwendet.

ANHANG

ZEITTAFEL

Die Zeittafel gibt einen Überblick über die wichtigsten Ereignisse im alten Ägypten. Daten mit quadratischer Markierung bezeichnen das Geschehen in anderen Teilen der Welt zur selben Zeit. Manchen Jahreszahlen ist ein *ca.* voran gestellt. Es bedeutet *circa* (= ungefähr). Damit ist gemeint, dass die Geschichtsforscher nicht genau feststellen konnten, um welchen genauen Zeitraum es sich handelt.

ca. 5500 v. Chr. Die ersten Menschen siedeln in Ägypten an den Ufern des Nil.

■ **ca. 5000 v. Chr.** In China und Mittelamerika beginnt sich die Landwirtschaft auszubreiten.

■ **ca. 4000 v. Chr.** In Sumer in Mesopotamien entsteht die Uruk-Kultur.

■ **ca. 4000 v. Chr.** Am Fluss Indus in Indien bilden sich die ersten Dörfer, die Landwirtschaft betreiben.

■ **ca. 3500 v. Chr.** In Sumer wird die Schrift entwickelt. Die Sumerer erfinden auch das Rad und entdecken die Bronzeherstellung.

DIE VORDYNASTISCHE PERIODE
ca. 3500–3100 v. Chr.

Die Menschen beginnen das Land zu bestellen und Kanäle anzulegen. Im Laufe der Zeit entstehen zwei verschiedene Königreiche: Oberägypten im Süden und Unterägypten im Norden.

Diese Hieroglyphen stammen von einer Tempelmauer.

ca. 3300–3100 v. Chr. In Ägypten werden die Hieroglyphen entwickelt (Bilderschrift).

ca. 3100 v. Chr. Ober- und Unterägypten werden unter König Menes vereinigt.

DIE ARCHAISCHE PERIODE
ca. 3100–2649 v. Chr.

■ **ca. 3000–2000 v. Chr.** In Sumer, Akkad und Kanaan erleben unabhängige Stadtstaaten ihre erste Blüte. Kanaan befindet sich in der frühen Bronzezeit.

■ **ca. 3000–1100 v. Chr.** Bronzezeit in Griechenland.

■ **ca. 3000 v. Chr.** In Ekuador entwickelt sich die Keramikherstellung.

■ **ca. 2900–2400 v. Chr.** In Sumer entstehen die frühen Dynastien.

DAS ALTE REICH
ca. 2649–2150 v. Chr.

In dieser Zeit wurden in Ägypten die Pyramiden gebaut.

ca. 2590 v. Chr. Die Große Pyramide von Giseh, die Cheops- oder Chufu-Pyramide, wird erbaut.

■ **ca. 2500 v. Chr.** In China blüht die Longshan-Kultur.

■ **ca. 2500–1800 v. Chr.** Im Industal in Indien hält die Zivilisation Einzug. Es gibt hier große Städte mit hohen Gebäuden. Eine Art Schrift entsteht.

■ **ca. 2500–1500 v. Chr.** In Britannien wird Stonehenge erbaut.

■ **ca. 2371 v. Chr.** Sargon von Akkad erobert den Thron der Stadt Kisch und errichtet in Mesopotamien ein Königreich.

■ **ca. 2350–2150 v. Chr.** In Mesopotamien regieren die Könige von Akkad.

■ **ca. 2205–1766 v. Chr.** In China herrscht die legendäre Hsia-Dynastie.

ca. 2150–2040 v. Chr. Die Erste Zwischenzeit in Ägypten.

■ **ca. 2100–2000 v. Chr.** Die 3. Dynastie von Ur regiert in Sumer und Akkad.

DAS MITTLERE REICH
ca. 2040–1640 v. Chr.

■ ca. 2000 v. Chr. Die Amoriter erobern Mesopotamien und Assyrien und errichten in Kanaan unabhängige Stadtstaaten. Indoeuropäische Völker breiten sich im Mittleren Osten aus.

■ **ca. im Jahre 2000 v. Chr.** Kreta steht in voller Kulturblüte

■ **ca. 2000–1500 v. Chr.** Kanaan befindet sich in der Mittleren Bronzezeit.

■ **ca. 2000–1450 v. Chr.** Zeit des Alten Assyrischen Reiches.

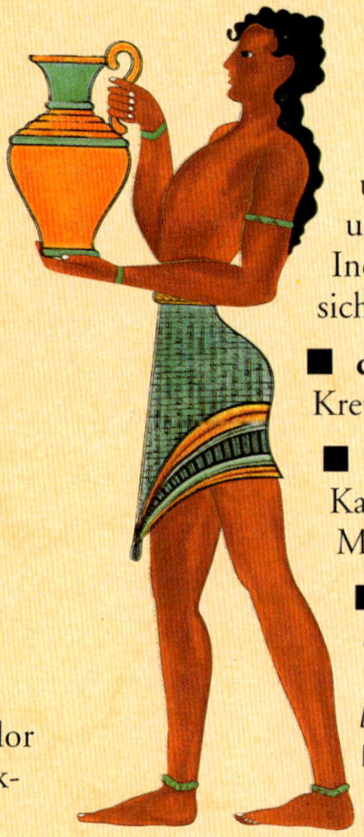

Dieser junge Mann ist auf einem Wandgemälde im Palast von Knossos auf Kreta abgebildet.

■ **ca. 2000–1000 v. Chr.** Die Churriter schließen sich in den Städten Kanaans zu einer adeligen Kaste zusammen und beherrschen die Amoriter und Kanaaniter.

■ **ca. 2000–1000 v. Chr.** In Mittelamerika entsteht die Kultur der Maya.

■ **ca. 2000 v. Chr.** In Peru halten Landwirtschaft, Metallarbeit und Keramikherstellung Einzug.

■ **ca. 2000 v. Chr.** In Osteuropa werden Pferde und primitive Fahrzeuge bei der Arbeit eingesetzt.

■ **ca. 1900 v. Chr.** Auf Kreta werden riesige Paläste erbaut.

■ **ca. 1813–1781 v. Chr.** König Schamschi-Adad I. herrscht über Assyrien. Sein Reich erstreckt sich von Mari bis Babylon.

■ **ca. 1792–1750 v. Chr.** König Hammurabi herrscht über Babylon.

■ **ca. 1766–1027 v. Chr.** In China regiert die Shang-Dynastie mit Priesterkönigen einen Staat mit ummauerten Städten und Tempeln.

■ **ca. 1740 v. Chr.** Die Hethiter vereinigen sich zu einem Königreich.

■ **ca. 1700 v. Chr.** Die Paläste auf Kreta werden von Erdbeben zerstört und wieder aufgebaut.

ca. 1674–1720 v. Chr. Die Hyksos dringen aus dem Mittleren Osten ins Nildelta ein.

ca. 1640–1552 v. Chr. Zweite Zwischenzeit. Ägypten herrscht über Kusch (Sudan).

Rekonstruktion der ummauerten Stadt Mykene in Griechenland

■ **ca. 1600 v. Chr.** Aufstieg der mykenischen Kultur in Griechenland.

DAS NEUE REICH
ca. 1552–1069 v. Chr.

Dies ist die Zeit der Hochkultur des Ägyptischen Reichs. Im Tal der Könige werden die berühmten Königsgräber errichtet.

■ **ca. 1595 v. Chr.** Die Hethiter plündern Babylon und zerstören das Königreich der Amoriter.

■ **ca. 1570–1158 v. Chr.** In Babylon regieren die Kassiten.

■ **ca. 1550–1150 v. Chr.** Späte Bronzezeit in Kanaan.

■ **ca. 1500 v. Chr.** Das Volk der Arier (Indoeuropäer) siedelt sich in Indien an.

■ **ca. 1500 v. Chr.** Die Mitanni vereinigen sich und beherrschen die Gebiete der Churriter.

■ **ca. 1500 v. Chr.** In Persien, dem heutigen Iran, siedeln sich die ersten Arier an.

■ **ca. 1500 v. Chr.** In China wird die Schrift entwickelt.

■ **ca. 1500 v. Chr.** Die landwirtschaftliche Kultur erreicht den Südosten Nordamerikas.

■ **ca. 1500 v. Chr.** Niedergang der Zivilisation im Industal in Indien.

■ **ca. 1500–600 v. Chr.** Vedische Periode in Indien: Langsam entwickelt sich die hinduistische Religion.

■ **ca. 1500 v. Chr.–200 n. Chr.** Aufstieg der olmekischen Kultur in Mexiko: Es entstehen Wandmalereien, Kalender, riesige Tempelanlagen und Steinfiguren.

1490–1468 v. Chr. Regierungszeit von Königin Hatschepsut, der ersten Pharaonin Ägyptens.

1490–1436 v. Chr. Regierungszeit von Thutmosis III. in Ägypten; er ist der erfolgreichste Kriegsherr unter den Pharaonen.

■ **ca. 1450 v. Chr.** Vulkanausbruch auf der Insel Thera (Santorin) und Ende der minoischen Kultur. Alle Paläste werden zerstört, die Mykener übernehmen die Herrschaft über Kreta.

■ **ca. 1450–1390 v. Chr.** Die Mitanni erobern Assyrien. Ihr Herrschaftsgebiet reicht vom Sagrosgebirge bis zum Mittelmeer.

■ **ca. 1450–1200 v. Chr.** Das Neue Königreich der Hethiter.

■ **1440 v. Chr.** Die Mitanni schließen einen Friedensvertrag mit Ägypten.

■ **1380 v. Chr.** Schuppiluliuma, einer der größten Könige der Hethiter, besteigt den Thron. Er besiegt die Mitanni und erobert Syrien, das zum Ägyptischen Reich gehört.

1364–1374 v. Chr. Regierungszeit von Pharao Echnaton (Amenophis IV.), der in Ägypten eine religiöse Revolution auslöste.

■ **ca. 1363–1000 v. Chr.** Das Mittlere Assyrische Reich.

Nofretete, Gattin Echnatons

1347–1337 v. Chr. Der junge Pharao Tutanchamun regiert Ägypten.

■ **ca. 1300 v. Chr.** In Europa beginnt das Bronzezeitalter (Urnenfelderzeit).

1289–1224 v. Chr. Regierungszeit von Pharao Ramses II., der zahlreiche Kriege führte und viele Denkmäler errichten ließ.

1284 v. Chr. Schlacht bei Kadesch; Ramses II. kämpft gegen die Hethiter.

■ **ca. 1250 v. Chr.** Krieg zwischen Troja (in der heutigen Türkei) und den Griechen (= Trojanischer Krieg); Troja wird zerstört.

■ **ca. 1250 v. Chr.** In Kanaan siedeln sich die ersten Hebräer an.

■ **ca. 1200–300 v. Chr.** Chavín-Kultur in Südamerika mit großen Tempelbauten und blühender Goldschmiedekunst.

■ **ca. 1200 v. Chr.** Niedergang der mykenischen Kultur in Griechenland.

■ **ca. 1200 v. Chr.** Seevölker, Piraten und Siedler aus Griechenland und von den Mittelmeerinseln dringen nach Ägypten ein.

Eine Seeschlacht zwischen den Seevölkern und Ägyptern, abgebildet auf einer Steinwand in Luxor

1200–1194 v. Chr. Regierungszeit von Pharao Sethos II.

■ **ca. 1196–1195 v. Chr.** Die Seevölker vernichten das Reich der Hethiter; abgesplitterte Volksteile gründen kleine, neue Reiche.

1184–1153 v. Chr. Regierungszeit von Pharao Ramses III., dem letzten großen Kriegsherren. Er besiegt die Seevölker.

ca. 1150 v. Chr. Die Philister, die zu den ehemaligen Seevölkern gehörten, siedeln sich in Kanaan, dem späteren Palästina, an.

■ **ca. 1158 v. Chr.** Die Kassiten werden aus Babylon vertrieben. Nach einer Zeit der Unruhe wird das babylonische Recht wieder eingesetzt.

■ **ca. 1100 v. Chr.** Die Phönizier lassen sich in Kanaan nieder. Sie gründen Kolonien an der Süd- und Westküste des Mittelmeeres und errichten Städte wie Byblos, Sidon, Berytus (Beirut) und Tyros.

ca. 1085 v. Chr. Nubien und Kusch erhalten von Ägypten die Unabhängigkeit zurück.

1069–664 v. Chr. Dritte Zwischenzeit in Ägypten.

■ **1027–221 v. Chr.** In China beendet die Chou-Dynastie die Shang-Zeit. Eine Zeit des Handels und Wirtschaftswachstums, doch auch von Krieg und Unsicherheit beginnt.

■ **ca. 1020–1010 v. Chr.** Regierungszeit Sauls, des ersten Königs der Israeliten.

■ **ca. 1000 v. Chr.** Auf dem Palatinhügel nahe des späteren Rom siedeln die ersten Latiner.

■ **ca. 1000–612 v. Chr.** Neues Assyrisches Reich. Es kommt zu einer Blütezeit durch Feldzüge und Erweiterungen des Reichsgebietes.

■ **ca. 1000–300 v. Chr.** Adena-Erdhügelkultur im Osten Nordamerikas.

■ **ca. 970–930 v. Chr.** Regierungszeit des israelitischen Königs Salomon; die Macht der Israeliten erreicht ihren Höhepunkt.

■ **ca. 911 v. Chr.** Eroberungsfeldzüge vergrößern das Assyrische Reich.

■ **ca. 900 v. Chr.** In Indien wird die Urfassung des *Rigweda* (ältestes indisches Literaturwerk) geschrieben.

■ **ca. 814 v. Chr.** Die Phönizier gründen in Nordafrika die Stadt Karthago.

Schiwa der Zerstörer, eine der vielen Hindu-Gottheiten

■ **ca. 800 v. Chr.** In Indien breitet sich die Hindu-Religion nach Süden aus.

■ **ca. 800 v. Chr.** In Westeuropa breitet sich die keltische Kultur aus.

■ **ca. 800–500 v. Chr.** Archaische Periode in Griechenland: Das Alphabet wird entwickelt, es finden die ersten Olympischen Spiele statt und Homer schreibt seine *Ilias* und *Odyssee*, die vom Trojanischen Krieg berichten.

■ **ca. 800–400 v. Chr.** Die Etrusker besiedeln Nord- und Mittelitalien.

■ **753 v. Chr.** Die Stadt Rom in Italien wird gegründet.

728 v. Chr. Ägypten wird von König Pianchi, einem Nubier, erobert.

■ **726–722 v. Chr.** Regierungszeit von König Schalmaneser V. von Assyrien in Israel nach dessen Eroberung.

■ **ca. 722–481 v. Chr.** Die Frühlings- und Herbstperiode in China; kleine Staaten kämpfen für ihre Souveränität.

■ **721–705 v. Chr.** Die Regierungszeit König Sargons II. von Assyrien.

■ **ca. 700 v. Chr.** In Persien übernimmt die Achämeniden-Dynastie die Macht.

■ **ca. 670 v. Chr.** In der Nachbarschaft Persiens wird das Reich der Meder errichtet.

DIE SPÄTZEIT
664–525 v. Chr.

664–525 v. Chr. Über Ägypten herrscht die Sais-Dynastie. Ägyptens Unabhängigkeit wird neu gesichert.

■ **668–627 v. Chr.** Regierungszeit von König Assurbanipal II. von Assyrien; er gliedert dem Reich Theben (Ägypten), Babylon und Susa (Persien) an.

■ **ca. 650 v. Chr.** In Lydien werden die ersten Münzen geprägt.

■ **626 – 539 v. Chr.** Zeit des Neubabylonischen Reichs.

■ **612 v. Chr.** Meder und Babylonier erobern die Städte Assur und Ninive.

■ **605–562 v. Chr.** Regierungszeit von König Nebukadnezar II. von Babylon.

ca. 600–500 v. Chr. Die Nubier verlassen ihre Hauptstadt Napata und errichten im Süden Meroe, die neue Hauptstadt.

■ **ca. 600 v. Chr.** Laotse bringt China den Taoismus.

■ **597 v. Chr.** Nebukadnezar II. von Babylon besetzt Jerusalem und lässt wichtige Persönlichkeiten nach Babylon verschleppen. Den Aufstand von 587–568 v. Chr. schlägt er nieder und setzt die Verschleppungen fort.

■ **ca. 560–483 v. Chr.** In dieser Zeit lebt Gautama Siddhartha, der Gautama Buddha.

■ **551–479 v. Chr.**

Der chinesische Prophet und Philosoph Konfuzius

In dieser Zeit lebte Kong Zi, besser bekannt als Konfuzius, der chinesische Philosoph und Prophet.

■ **ca. 550 v. Chr.** König Kyros II. eint Mederreich und Persien. Er erobert Lydien und das Babylonische Reich.

DIE PERSISCHE PERIODE
525–331 v. Chr.

525 v. Chr. Kambyses II. von Persien erobert Ägypten.

Dieses Bildnis in einem Palast in Susa zeigt einen persischen Elitekämpfer, einen so genannten „Unsterblichen".

■ **ca. 510 v. Chr.** In Rom wird die Republik ausgerufen.

■ **ca. 500–336 v. Chr.** Klassische Periode Griechenlands: Blütezeit der griechischen Kultur.

■ **490–449 v. Chr.** Kriege zwischen Griechenland und Persien.

■ **ca. 481–221 v. Chr.** China im Kriegszustand: Sieben Großmächte vernichten sich gegenseitig im Kampf um die Macht.

■ **ca. 465 v. Chr.** Der Niedergang Persiens beginnt.

■ **447–438 v. Chr.** In Athen (Griechenland) wird der Parthenon-Tempel erbaut.

404–343 v. Chr. Ägypten besiegt Persien.

343–332 v. Chr. Persien erobert Ägypten zurück.

DIE GRIECHISCHE PERIODE
332–323 v. Chr.

332 v. Chr. Alexander der Große von Makedonien erobert das persische Weltreich und wird in Ägypten als Pharao anerkannt.

323 v. Chr. Alexandria ist die neue Hauptstadt Ägyptens. Alexander der Große stirbt.

323 v. Chr. Ägypten wird von General Ptolemäus kontrolliert.

323–281 v. Chr. Die Generäle Alexanders des Großen, die Diadochen, kämpfen miteinander um die Macht.

301–64 v. Chr. Die Dynastie der Ptolemäer regiert Ägypten.

■ **ca. 300 v. Chr.** Das Volk der Maya baut in Mittelamerika die ersten Städte aus Stein.

ca. 300–200 v. Chr. In Meroe entsteht eine alphabetische Schrift.

■ **280–268 v. Chr.** In Makedonien regiert die Dynastie der Antigoniden.

■ **ca. 272–231 v. Chr.** König Ashoka aus der Maurya-Dynastie vereint fast ganz Indien unter seiner Herrschaft.

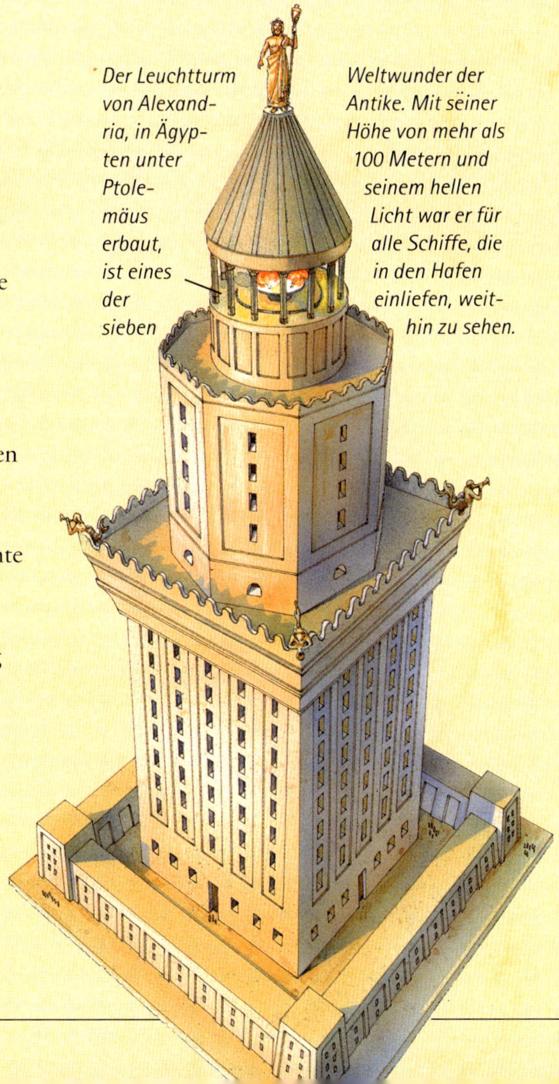

Der Leuchtturm von Alexandria, in Ägypten unter Ptolemäus erbaut, ist eines der sieben Weltwunder der Antike. Mit seiner Höhe von mehr als 100 Metern und seinem hellen Licht war er für alle Schiffe, die in den Hafen einliefen, weithin zu sehen.

■ **264 v. Chr.** Rom herrscht über ganz Italien.

■ **264–241 v. Chr.** Zwischen Rom und Karthago kommt es zum Ersten Punischen Krieg.

■ **221 v. Chr.** Unter dem ersten Ch'in-Kaiser Shih Huang-ti wird China zu einem vereinten Kaiserreich.

■ **218–202 v. Chr.** Zweiter Punischer Krieg.

■ **214 v. Chr.** Die Chinesische Mauer wird gebaut, um die feindlichen Hunnen am Eindringen nach China zu hindern.

■ **206 v. Chr.–222 n. Chr.** In China regiert die Han-Dynastie.

■ **ca. 200 v. Chr.** Das Volk der Nazca lässt in den Wüsten von Peru gigantische Bildzeichen entstehen.

■ **149–146 v. Chr.** Der Dritte Punische Krieg; Karthago wird zerstört.

■ **133–31 v. Chr.** Das Römische Reich breitet sich über den ganzen Mittelmeerraum aus.

■ **ca. 100 v. Chr.** In Mittelamerika entsteht die riesige Pyramidenstadt Teotihuacán.

■ **58–51 v. Chr.** Julius Cäsar, römischer Staatsmann und Armeegeneral, erobert Gallien (Frankreich).

■ **55–54 v. Chr.** Julius Cäsar marschiert in Britannien ein.

51–30 v. Chr. Regierungszeit Kleopatras VII. von Ägypten.

Eine römische Münze mit dem Abbild von Julius Cäsar

31 v. Chr. Kleopatra VII. und ihr römischer Geliebter, Mark Anton, werden von der römischen Armee unter Oktavian (dem späteren Kaiser Augustus) in der Schlacht bei Actium vor der Westküste Griechenlands besiegt. Beide begehen Selbstmord.

30 v. Chr. Ägypten wird eine Provinz des Römischen Reiches.

KÖNIGE UND DYNASTIEN

Nachfolgend sind die Namen und die ungefähren Regierungsdaten der meisten Herrscher und Dynastien aufgelistet, die Ägypten bis zur Eroberung durch das Römische Reich im Jahre 30 v. Chr. regiert haben.
Manche Daten konnen ein wenig verwirrend sein, insbesondere während der Zwischenzeiten, weil oft mehrere Könige in verschiedenen Landesteilen gleichzeitig herrschten. Manche Könige haben zwei Namen, einen griechischen und einen ägyptischen (in Klammern angegeben). Mit einem * versehene Könige wurden bereits zu Lebzeiten ihres Vorgängers gekrönt; die Markierung ** kennzeichnet Königinnen, die als Könige regiert haben.
Die Aufstellung stammt von den Ägyptern der Antike selbst. Es kann sein, dass manche Daten sich von denen in anderen Lexika unterscheiden. Das liegt daran, dass sich die Experten über die tatsächlichen Zeiten nicht einig sind und in ihren Forschungen unterschiedliche Zeittafeln verwenden.

DIE ARCHAISCHE PERIODE (ca. 3100–2649 v. Chr.)

Aus der Frühzeit des antiken Ägyptens sind nur sehr wenige Daten bekannt.

Der König von Oberägypten besiegt den Herrscher Unterägyptens.

1. Dynastie

Sieben oder acht Könige, die ersten beiden waren:

Menes ca. 3100 v. Chr.
Narmer, Aha

2. Dynastie

Acht oder neun Könige, darunter:
Hetepsechemui, Raneb, Peribsen und **Chasechemui**

DAS ALTE REICH (ca. 2649–2150 v. Chr.)

3. Dynastie

Nebka	**ca. 2649–2630 v. Chr.**
Djoser	**ca. 2630–2611 v. Chr.**
Sechemchet	**ca. 2611–2603 v. Chr.**
Huni	**ca. 2599–2575 v. Chr.**

Gänse auf einem Wandgemälde in einem Grab in Meidum (Altes Reich)

4. Dynastie

Snofru	**ca. 2575–2551 v. Chr.**
Cheops (Chufu)	**ca. 2551–2528 v. Chr.**
Djedefre (Redjedef)	**ca. 2528–2520 v. Chr.**
Chephren (Chaefre)	**ca. 2520–2494 v. Chr.**
Mykerinos (Menkaure)	**ca. 2490–2472 v. Chr.**
Schepseskaf	**ca. 2472–2467 v. Chr.**

5. Dynastie

Userkaf	**ca. 2465–2323 v. Chr.**
Sahure	**ca. 2458–2446 v. Chr.**
Neferirkare	**ca. 2446–2426 v. Chr.**
Schepseskare	**ca. 2426–2419 v. Chr.**
Niusere	**ca. 2416–2392 v. Chr.**
Menkauhor	**ca. 2396–2388 v. Chr.**
Djedkare	**ca. 2388–2356 v. Chr.**
Unas	**ca. 2356–2323 v. Chr.**

6. Dynastie

Teti	**ca. 2323–2291 v. Chr.**
Pepi I.	**ca. 2289–2255 v. Chr.**
Merenre I.	**ca. 2255–2246 v. Chr.**
Pepi II.	**ca. 2246–2152 v. Chr.**
Nitokris**	**ca. 2152–2150 v. Chr.**

DIE ERSTE ZWISCHENZEIT (ca. 2150–2040 v. Chr.)

7. und 8. Dynastie (ca. 2150–2134 v. Chr.)

Es herrschten sehr viele Könige, die jeweils nur eine ganz kurze Zeit regierten.

9. und 10. Dynastie (ca. 2134–2040 v. Chr.)

In dieser Zeit regierten die Könige Ägypten von Herakleopolis (Griechenland) aus.

Statue Pepis' II. mit seiner Mutter

DAS MITTLERE REICH
(ca. 2040–1640 v. Chr.)

Eine Reihe von Königen regierte Ägypten von Theben aus, zur gleichen Zeit regierten andere Könige von Herakleopolis aus. Aus diesen ging später die 11. Dynastie hervor, die über Ägypten während des Mittleren Reichs herrschte.

11. Dynastie

Mentuhotep I.	**ca. 2040–2010 v. Chr.**
Mentuhotep II.	**ca. 2010–1998 v. Chr**
Mentuhotep III.	**ca. 1998–1991 v. Chr**

12. Dynastie

Amenemhat I.	**ca. 1991–1962 v. Chr**
Sesostris I.*	**ca. 1971–1926 v. Chr**
Amenemhat II.*	**ca. 1929–1892 v. Chr**
Sesostris II.*	**ca. 1897–1878 v. Chr**
Sesostris III.*	**ca. 1878–1841 v. Chr**
Amenemhat III.*	**ca. 1844–1797 v. Chr**
Amenemhat IV.*	**ca. 1799–1787 v. Chr**
Sobeknofru**	**ca. 1787–1783 v. Chr**

13. Dynastie
(ca. 1783–1640 v. Chr.)

Während der 13. Dynastie herrschten etwa 70 Könige, die meisten nur kurze Zeit.

14. Dynastie

Die Thronfolger aus dem von Ägypten abgetrennten westlichen Nildelta schrieb man der 14. Dynastie zu; tatsächlich handelt es sich um die Herrscher der 13. Dynastie.

Der blaue Pharaonenhelm, Chepresch genannt

DIE ZWEITE ZWISCHENZEIT
(ca. 1640-1552 v. Chr.)

15. Dynastie

Es herrschten nur Könige aus der Hyksos-Linie, unter ihnen:
Apopi **(ca. 1585–1542 v. Chr.)**

16. Dynastie

In dieser Dynastie regierten Unterkönige gleichzeitig mit den Königen der 15. Dynastie.

17. Dynastie
(ca. 1640–1552 v. Chr.)

Es regierten fünfzehn Könige aus Theben. Dazu gehörten: **Taa I.**, **Taa II.** und **Kamose (ca. 1555–1552 v. Chr.)**

DAS NEUE REICH
(1552–1069 v. Chr.)

Büste der Königin Hatschepsut

18. Dynastie

Ahmose	**ca. 1552–1527 v. Chr.**
Amenophis I.	**ca. 1527–1506 v. Chr.**
Thutmosis I.	**ca. 1506–1494 v. Chr.**
Thutmosis II.	**ca. 1494–1490 v. Chr.**
Hatschepsut**	**ca. 1490–1468 v. Chr.**
Thutmosis III.	**ca. 1490–1436 v. Chr.**
Amenophis II.	**ca. 1438–1412 v. Chr.**
Thutmosis IV.	**ca. 1412–1402 v. Chr.**
Amenophis III.	**ca. 1402–1364 v. Chr.**
Echnaton (Amenophis IV.)	**ca. 1364–1347 v. Chr.**
Semenchkare*	**ca. 1351–1348 v. Chr.**
Tutanchamun	**ca. 1347–1337 v. Chr.**
Aja	**ca. 1337–1333 v. Chr.**
Haremhab	**ca. 1333–1305 v. Chr.**

Haremhab

19. Dynastie

Ramses I.	**ca. 1305–1303 v. Chr.**
Sethos I.	**ca. 1303–1289 v. Chr.**
Ramses II.	**ca. 1289–1224 v. Chr.**
Merenptah	**ca. 1224–1204 v. Chr.**
Amenmesse	**ca. 1204–1200 v. Chr.**
Sethos II.	**ca. 1200–1194 v. Chr.**
Siptah	**ca. 1194–1188 v. Chr.**
Tausret**	**ca. 1194–1186 v. Chr.**

20. Dynastie

Sethnacht	**ca. 1186–1184 v. Chr.**
Ramses III.	**ca. 1184–1153 v. Chr.**
Ramses IV.	**ca. 1153–1146 v. Chr.**
Ramses V.	**ca. 1146–1142 v. Chr.**
Ramses VI.	**ca. 1142–1135 v. Chr.**
Ramses VII.	**ca. 1135–1129 v. Chr.**
Ramses VIII.	**ca. 1129–1127 v. Chr.**
Ramses IX.	**ca. 1127–1109 v. Chr.**
Ramses X.	**ca. 1109–1099 v. Chr.**
Ramses XI.	**ca. 1099–1069 v. Chr.**

Mit dem Ende der 20. Dynastie wurde Ägypten geteilt. Beginnend mit Herihor regierten nun Priester von Theben aus das Land.

DIE DRITTE ZWISCHENZEIT (1069–664 v. Chr.)

21. Dynastie

Diese Könige regierten einen Teil Ägyptens von Tanis aus.

Smendes I.	**ca. 1069–1043 v. Chr.**
Amenemnesu	**ca. 1043–1039 v. Chr.**
Psusennes I.	**ca. 1039–991 v. Chr.**
Amenemope	**ca. 993–984 v. Chr.**
Osorkon	**ca. 984–978 v. Chr.**
Siamun	**ca. 978–959 v. Chr.**
Psusennes II.	**ca. 959–945 v. Chr.**

22. Dynastie

Diese libyschen Könige begannen Ägypten wieder zu vereinen.

Scheschonk I.	**ca. 945–924 v. Chr.**
Osorkon I.	**ca. 924–889 v. Chr.**
Scheschonk II.	**ca. 890 v. Chr.**
Takeloth I.	**ca. 890–874 v. Chr.**
Osorkon II.	**ca. 874–850 v. Chr.**
Takeloth II.	**ca. 850–825 v. Chr.**
Scheschonk III.	**ca. 825–773 v. Chr.**
Pimui	**ca. 773–767 v. Chr.**
Scheschonk V.	**ca. 767–730 v. Chr.**
Osorkon IV.	**ca. 730–715 v. Chr.**

23. Dynastie und 24. Dynastie

Dies waren zwei Königsdynastien, die zur selben Zeit herrschten wie die Könige der 22. Dynastie. Unter ihnen waren:

Tefnacht I.	**ca. 727–720 v. Chr.**
Bocchoris	**ca. 720–715 v. Chr.**

25. Dynastie

DIE NUBISCHEN KÖNIGE

Pianchi	**ca. 728–716 v. Chr.**
Schabaka	**ca. 716–702 v. Chr.**
Schebitku	**ca. 702–690 v. Chr.**
Taharka	**ca. 690–664 v. Chr.**
Tanutamun	**ca. 664–663 v. Chr.**

DIE SPÄTZEIT (664–525 v. Chr.)

26. Dynastie

DIE KÖNIGE VON SAÏS

Psammetich I.	ca. 664–610 v. Chr.
Necho II.	ca. 610–595 v. Chr.
Psammetich II.	ca. 595–589 v. Chr.
Apries	ca. 589–570 v. Chr.
Amasis	ca. 570–526 v. Chr.
Psammetich III.	ca. 526–525 v. Chr.

DIE PERSISCHE PERIODE (525–332 v. Chr.)

27. Dynastie (525–404 v. Chr.)

Persische Könige. Unter ihnen: **Kambyses (525–521 v. Chr.)**, **Darius I. (521–485 v. Chr.)** und **Xerxes** (**485–464 v. Chr.**)

28. Dynastie

Amyrtaios	**ca. 404–399 v. Chr.**

29. Dynastie

Nepherites I.	**ca. 399–393 v. Chr.**
Achoris	**ca. 393–380 v. Chr.**
Psammuthis	**ca. 380–379 v. Chr.**
Nepherites II.	**ca. 379 v. Chr.**

30. Dynastie

Nektanebos I.	**ca. 379–361 v. Chr.**
Tachos	**ca. 361–359 v. Chr.**
Nektanebos II.	**ca. 359–342 v. Chr.**

31. Dynastie (341–323 v. Chr.) Weitere persische Könige.

DIE MAKEDONISCHEN KÖNIGE (332–305 v. Chr.)

Alexander der Große	**332–323 v. Chr.**
Philipp Arrhidäus	**323–316 v. Chr.**
Alexander IV.	**316–305 v. Chr.**

DIE PTOLEMÄER (305–30 v. Chr.)

Ptolemäus I.	**305–284 v. Chr.**
Ptolemäus II.	**284–246 v. Chr.**
Ptolemäus III.	**246–221 v. Chr.**
Ptolemäus IV.	**221–205 v. Chr.**
Ptolemäus V.	**205–180 v. Chr.**
Ptolemäus VI.	**180–164 v. Chr.** und **163–145 v. Chr.**
Ptolemäus VII.	**145 v. Chr.**
Ptolemäus VIII.	**170–163 v. Chr.** und **145–116 v. Chr.**
Königin Kleopatra III. und Ptolemäus IX.	**116–107 v. Chr.**
Königin Kleopatra III. und Ptolemäus X.	**107–88 v. Chr.**
Ptolemäus IX.	**88–81 v. Chr.**
Königin Kleopatra Berenike	**81–80 v. Chr.**
Ptolemäus XI.	**80 v. Chr.**
Ptolemäus XII.	**80–58 v. Chr.**
Königin Berenike IV.	**58–55 v. Chr.**
Ptolemäus XII.	**55–51 v. Chr.**
Königin Kleopatra VII.	**51–30 v. Chr.**
mit **Ptolemäus XIII.**	**(51–47 v. Chr.)**
mit **Ptolemäus XIV .**	**(47–44 v. Chr.)**
mit **Ptolemäus XV.**	**(44–30 v. Chr.)**

Kleopatra VII.

WER IST WER?

Auf den folgenden fünf Seiten sind die wichtigsten Persönlichkeiten Ägyptens und anderer antiker Kulturen im Mittleren Osten kurz beschrieben. Personen, deren Namen im Text **fett** gedruckt sind, haben eine eigene Kurzbiografie. Regierungszeiten sind, soweit bekannt, in Klammern angegeben.

AHHOTEP
Königin von Ägypten (17. Dynastie), Tochter von Taa I. und Tetischeri, Schwester und Gemahlin von **Taa II.** Führte wohl für ihren jungen Sohn **Ahmose** die Regierungsgeschäfte.

AHMOSE (ca. 1552–1527 v. Chr.)
Pharao von Ägypten, erster Pharao der 18. Dynastie und des Neuen Reichs, Sohn von **Taa II.** und **Ahhotep**. Weil er bereits als Kind auf den Thron kam, übernahm seine Mutter die Regentschaft. Ahmose setzte erfolgreich den Befreiungskrieg gegen die Hyksos fort. Nachdem er in Ägypten mehrere Aufstände niedergeschlagen hatte, begann er mit der Wiedereroberung Nubiens.

AHMOSE-NEFERTARI
Königin von Ägypten (18. Dynastie), Tochter von **Taa II.** und **Ahhotep**, Schwester und Gemahlin von **Ahmose**. Sie war als Göttergattin und Zweite Prophetin Amuns im Karnaktempel im Amt und hatte die Regentschaft für ihren vierten Sohn, Amenophis I., inne. Gemeinsam gründeten sie die Königliche Gesellschaft für Grabmalbau, die im Tal von Deir el-Medineh ihren Sitz hatte.

AHMOSE VON EL-KAB
(17./18. Dynastie), Soldat in der ägyptischen Armee von König **Ahmose.** Er war am Befreiungskrieg gegen die Hyksos beteiligt und erhielt für seinen Einsatz die goldene Tapferkeitsmedaille, die höchste Auszeichnung des Landes. Seine Biografie, in Wandmalereien in seinem Grab verewigt, ist eine wichtige Informationsquelle zum Feldzug gegen die Hyksos.

Alexander der Große

ALEXANDER DER GROSSE (332–323 v. Chr.)
König von Makedonien, Heerführer und Reichsgründer. Als er die Kontrolle über ganz Griechenland erkämpft hatte, marschierte er in Kleinasien ein und besiegte das persische Großreich (einschließlich Ägyptens). Er gründete viele Städte, von denen die ägyptische Hafenstadt Alexandria, die zur Hauptstadt ernannt wurde, die berühmteste war. Alexander heiratete die persische Prinzessin Roxane und starb in Babylon im Alter von 32 Jahren. Seine Erben wurden ermordet und sein Reich unter seinen Generälen aufgeteilt. Einer von ihnen, **Ptolemäus**, begründete die Ptolemäische Dynastie und wurde später Pharao von Ägypten.

AMENEMHAT I. (ca. 1991–1962 v. Chr.)
Erster Pharao der 12. Dynastie. Um seine Nachfolge zu sichern, ließ er seinen Sohn Sesostris noch zu seinen Lebzeiten krönen. Amenemhat wurde ermordet, doch sein Sohn blieb an der Macht.

AMENIRDIS II.
Nubische Prinzessin und Gemahlin der Götter, Tochter von König **Taharka** (25. Dynastie). Um die Thronfolge zu sichern, musste sie **Nitokris** adoptieren, die Tochter von Psammetich I., dem ersten König der 26. Dynastie.

AMENOPHIS III. (ca. 1402–1364 v. Chr.)
Pharao von Ägypten (18. Dynastie) während einer Periode des Friedens und der Sicherheit, Sohn von Thutmosis IV. Er ließ das Kolosseum von Memnon erbauen. Gegen Ende seiner Regierung entstand in Amarna ein neuer, revolutionärer Kunststil, möglicherweise als Ergebnis der Berufung seines Sohnes **Echnaton** zum Mitregenten. Auch Echnatons religiöse Vorstellungen könnten sich bereits zu Zeiten der Regierung seines Vaters entwickelt haben.

AMENOPHIS IV., siehe **Echnaton**

AMENOPHIS, SOHN DES HAPU
Königlicher Schreiber während der Regierung von Amenophis III. Er besaß einige der höchsten Staatsämter; in den Tempeln des Amun und der Mut in Karnak wurden Statuen von ihm aufgestellt. In Theben wurde er während der Spätzeit des Reichs als Gott verehrt.

ANCHESENAMUN
Königin von Ägypten (18. Dynastie), Schwester und Gemahlin von **Tutanchamun**. Nach dessen Tod schrieb sie an **Schuppiluliuma,** den König der Hethiter, er möge ihr einen seiner Söhne als Ehemann schicken. Doch der Hethiterprinz wurde ermordet, bevor er Ägypten erreichte. Daraufhin heiratete sie Aja, einen älteren Hofbeamten.

ANTON, MARK (Antonius, Marcus)
Römischer Militärführer und Politiker, Geliebter von **Kleopatra VII.** Nach dem Tode von **Julius Cäsar** regierte er mit ihr gemeinsam Ägypten. Nach einem Streit mit Cäsars Nachfolger und Erben Oktavian (später Kaiser Augustus) kam es zum Krieg. In der Schlacht bei Actium wurden Mark Anton und Kleopatra besiegt und begingen Selbstmord.

APOPI (ca. 1585–1542 v. Chr.)
Einer der bedeutendsten Hyksos-Könige Ägyptens (15. Dynastie). Während seiner Regierung kam es zum Krieg mit **Taa II.** von Theben. Die Hyksos wurden vertrieben, das Neue Reich begann.

ASARHADDON (680–667 v. Chr.)
König von Assyrien. Er baute Babylon wieder auf, nachdem es von seinem Vater, **Sanherib,** zerstört worden war. Im Jahre 671 v. Chr. besetzte er das Nildelta und setzte assyrische Gouverneure als Regenten in Ägypten ein.

BAY
Ein Abenteurer aus Syrien, der gegen Ende der 19. Dynastie in Ägypten an Einfluss gewann. Nach dem Tode der Königin **Tausret** versuchte er auf den Thron zu gelangen.

BINTANAT
Königin von Ägypten (19. Dynastie), Tochter und Gemahlin von **Ramses II.** Ihr Grabmal befindet sich im Tal der Königinnen.

CÄSAR, JULIUS
Römischer Politiker, Literat und General, der zum Diktator auf Lebenszeit ernannt wurde. Er vermittelte in einem Streit zwischen seiner Geliebten **Kleopatra VII.** und ihrem Bruder und sicherte ihr damit den ägyptischen Thron. Am 15. März 44 v. Chr. wurde er in Rom ermordet.

CHEOPS oder CHUFU (ca. 2551–2528 v. Chr.)
Pharao von Ägypten (4. Dynastie), Sohn von **Snofru** und **Hetepheres.** Sein Grabmal, die Große Pyramide von Giseh, ist die größte Pyramide, die je erbaut wurde. Sie gilt als das erste der sieben Weltwunder der Antike. Unter seiner Herrschaft wurden in den Diorit-Steinbrüchen in Nubien erstmals Quader abgebaut und er ließ in Buhen eine befestigte Stadt als Handelsposten errichten.

CHEPHREN oder CHAEFRE (ca. 2520–2494 v. Chr.)
Pharao von Ägypten (4. Dynastie), Sohn von **Cheops** (Chufu), Thronerbe seines Bruders Djedefre (Redjedef). Sein Vater und er waren bei den ägyptischen Hohepriestern sehr unbeliebt. Diese teilten **Herodot** mit, dass „unter der Herrschaft dieser beiden Pharaonen viel Unglück über das Volk gekommen sei – die Tempel seien verschlossen gewesen und wären nie geöffnet worden". Die Chephren-Pyramide ist die mittlere der drei Pyramiden von Giseh und ist von allen dreien am besten erhalten.

DARIUS I. (ca. 521–485 v. Chr.)
König von Persien. Unter seiner Herrschaft erreichte das Persische Reich seine größte Ausdehnung. Er war ein fähiger und erfolgreicher König.

DJOSER (ca. 2630–2611 v. Chr.)
Pharao von Ägypten (3. Dynastie). Sein Architekt **Imhotep** entwarf und baute für ihn als Grabmal die erste Pyramide, die Stufenpyramide in Sakkara.

Darius I.

ECHNATON/AMENOPHIS IV. (ca. 1364–1347 v. Chr.)
Pharao von Ägypten (18. Dynastie). Eine der schillerndsten Figuren des alten Ägypten. Er schaffte die alten Gottheiten ab und erklärte Aton zum einzigen anbetungswürdigen Gott. Amenophis änderte seinen Namen in Echnaton und erbaute Achetaton, seine neue Hauptstadt. Nach seinem Tod wurden seine Reformen widerrufen, Achetaton aufgegeben und seine Monumente eingerissen.

HAREMHAB (ca. 1333–1305 v. Chr.)
Pharao von Ägypten (18. Dynastie), General und Regent unter **Tutanchamun.** Er hatte nur deshalb Anspruch auf den Thron, weil er mit der Tochter von Aja, Mutnodjmet, verheiratet war.

HATSCHEPSUT (1490–1468 v. Chr.)
Königin von Ägypten (18. Dynastie), Tochter von Thutmosis I. und Königin **Ahmose,** Schwester und Gemahlin von Thutmosis II. Für den Sohn, **Thutmosis III.,** sollte sie die Regierungsgeschäfte führen, doch sie ergriff ganz die Macht und regierte länger als 20 Jahre als Pharao. Ihr eindrucksvolles Grabmal steht in Deir el-Bahari. Sonst erinnert nichts an ihre Regierungszeit, denn Thutmosis III. ließ später alle Inschriften entfernen.

HEKANACHTE
Ägyptischer Hohepriester (11. Dynastie). Briefe und Schriftstücke aus seinem Grab geben Einblick in seine weitläufigen Besitztümer und die Probleme und Intrigen einer reichen, hoch gestellten Familie.

HERIHOR
Ägyptischer Offizier (20. Dynastie), Mitglied einer berühmten Soldatenfamilie, die an Einfluss gewann, als die Macht der Pharaonen zu sinken begann. Unter der Regierung von Ramses XI. brachte Herihor Oberägypten unter seine Kontrolle. Unterägypten wurde von seinem Sohn **Smendes** regiert, der mit einer Tochter von Ramses XI. verheiratet war. Nach Ramses' Tod wurde Smendes der erste König der 21. Dynastie.

HERODOT (ca. 450 v. Chr.)
Griechischer Historiker, bekannt als „Vater der Geschichte". Er schrieb die griechische Geschichte auf der Grundlage der Kriege gegen die Perser nieder. Als einer der ersten Geschichtsforscher verglich Herodot Ereignisse miteinander und stellte Zusammenhänge her.

HETEPHERES
Königin von Ägypten (3. Dynastie), Tochter von Huni, der Schwester und Gemahlin von **Snofru,** Mutter von **Cheops (Chufu).** Ihr Grab wurde ausgeraubt und ihr Leichnam zerstückelt. Die Überreste brachte man nach Giseh. Archäologen gelang es, Grabmöbel anhand von Resten der Goldfolie, mit der sie überzogen waren, zu rekonstruieren.

IMHOTEP
Ägyptischer Staatsbeamter (3. Dynastie), Architekt der ersten ägyptischen Pyramide, der Stufenpyramide von Pharao **Djoser** in Sakkara. Als Arzt und Hohepriester war er auch an der Entwicklung des ersten Kalenders beteiligt. Spätere Generationen verehrten ihn als Gott; die Griechen setzten ihn mit ihrem Gott der Heilkunst, Äskulap, gleich.

KAMBYSES (ca. 525–521 v. Chr.)
König von Persien, Sohn von **Kyros II.** Im Jahre 525 v. Chr. eroberte er Ägypten. Er galt als grausamer Herrscher; der griechische Historiker **Herodot** beschrieb ihn als geisteskrank. Der Legende nach soll er in ein Pharaonengrab eingebrochen sein und den Leichnam verbrannt haben. Außerdem werden ihm Tempelschändungen nachgesagt.

KAMOSE (ca. 1555–1552 v. Chr.)
Pharao von Ägypten (17. Dynastie: Theben), Sohn von **Taa II.** und **Ahhotep.** Er kämpfte gegen die Hyksos und dehnte die Nordgrenze seines Reiches bis nach Faiyum aus. Als er im Kampf fiel, wurde sein Bruder Ahmose sein Nachfolger.

KIYA
Eine der Nebenfrauen von **Echnaton;** sie gilt als Mutter von **Tutanchamun.**

KLEOPATRA VII. (51–30 v. Chr.)
Königin von Ägypten (Ptolemäische Periode), Schwester und Gemahlin von Ptolemäus XIII. und Ptolemäus XIV., Geliebte von **Julius Cäsar.** Später heiratete sie seinen Vertrauten **Mark Anton.** Sie und Mark Anton wurden im Jahre 31 v. Chr. in der Schlacht bei Actium von Cäsars Erben Oktavian (dem späteren Kaiser Augustus) geschlagen. 30 v. Chr. beging Kleopatra Selbstmord und Ägypten wurde dem Römischen Reich angegliedert.

KYROS II. (559–529 v. Chr.)
König von Persien und Begründer der Persisch-Achämenidischen Dynastie. Im Jahre 550 v. Chr. besiegte er seinen Großvater, den Mederkönig Astyages, und vereinigte die Königreiche der Perser und Meder unter seiner Herrschaft. Außerdem gelang ihm der Sieg über Lydien und Babylon.

MEKET-RE
Hochrangiger Staatsbeamter unter der Regierung von Mentuhotep III. Sein Grabmal am Westufer des Nil bei Theben enthielt großartige Grabbeigaben, u. a. ein Baumodell seiner Villa mit Garten und Schwimmbad. Doch auch Modelle von Küchen, Werkstätten, Viehherden, Getreidespeichern und Schiffen wurden gefunden.

MENES oder NARMER (ca. 3100 v. Chr.)
Früher König von Oberägypten, Eroberer von Unterägypten und wahrscheinlich der erste Pharao des vereinigten Ägypten (1. Dynastie).

MENTUHOTEP II. (ca. 2040–2010 v. Chr.)
König von Theben in Oberägypten (11. Dynastie). Etwa im Jahre 2040 v. Chr. besiegte er den König von Unterägypten (10. Dynastie) und vereinte das Reich unter seiner Herrschaft. Damit begann die Zeit des Mittleren Königreiches. Am Westufer des Nil ließ er sich einen riesigen Grabtempel mit einer Gruft errichten.

MERENPTAH (ca. 1224–1204 v. Chr.)
Pharao von Ägypten (19. Dynastie). Als er seinem Vater, **Ramses II.,** auf den Thron folgte, war er bereits 50 Jahre alt. Ramses hatte seine übrigen 13 Söhne überlebt. Als hervorragender Kommandant der Armee nahm Merenptah an Kämpfen gegen die Seevölker und Lydien teil.

MERITATON
Prinzessin und Königin von Ägypten, Tochter von **Echnaton** und **Nofretete.** Sie war mit Semenchkare verheiratet, der nach Echnatons Tod Pharao wurde. Bereits ein Jahr später starb sie – oder man hat sich ihrer entledigt, denn ihr Leichnam wurde nie gefunden.

MONTUEMHAT
Ägyptischer Staatsbeamter, der aus einer der einflussreichsten Familien Thebens stammte (25. Dynastie). Er heiratete die Enkelin eines nubischen Königs und stieg zum wichtigsten Beamten Thebens auf. Als die Assyrer 665 v. Chr. in Ägypten einfielen, floh er nach Nubien zu König Tanutamun. Als in Ägypten mit der 26. Dynastie eine neue Macht entstand, kehrte er in seine Heimat zurück.

Meritaton

MUTNODJMET
Königin von Ägypten (18. Dynastie), Tochter von Aja, einem Hofbeamten, der später Pharao wurde. Sie heiratete General **Haremhab,** ebenfalls ein späterer Pharao.

MUWATALLI
König der Hethiter. Im Jahre 1284 v. Chr. kämpfte er gegen die Ägypter unter Pharao Ramses II. in der Schlacht bei Kadesch.

MYKERINOS oder MENKAURE (ca. 2490–2472 v. Chr.)
Pharao von Ägypten (4. Dynastie), Sohn von Chephren (Chaefre). Seine Pyramide ist die kleinste der drei in Giseh.

NACHT
Staatsbeamter am Hofe Thutmosis' IV. Er war königlicher Astronom und mit der Erstellung von Sternenkarten beauftragt, die die Auswirkungen der Jahreszeiten auf die Erde nachweisen sollten. Sein Grabmal in Theben ist wegen seiner Wandgemälde berühmt.

NARMER *siehe* **MENES**

NECHO I. (ca. 672–664 v. Chr.)
Prinz von Sais (Unterägypten). Nechos Familie erkannte nie die nubischen Könige der 25. Dynastie an. Als die Assyrer im Jahre 664 v. Chr. in Ägypten einfielen, stellte sich Necho auf ihre Seite und wurde von ihnen zum Gouverneur ernannt. Die Nubier nahmen ihn gefangen und richteten ihn hin. Sein Sohn Psammetich konnte entkommen und kehrte Jahre später als Begründer der 26. Dynastie zurück.

NEKTANEBOS I. (ca. 379–361 v. Chr.)
Pharao von Ägypten (erster Herrscher der 30. Dynastie). Unter seiner Herrschaft versuchten die Perser in Ägypten einzumarschieren, mussten jedoch zurückweichen, weil der Nil Hochwasser führte. Eine Zeit des Friedens folgte.

NEKTANEBOS II. (ca. 359–342 v. Chr.)
Pharao von Ägypten (dritter und letzter Herrscher der 30. Dynastie). Als die Perser Ägypten eroberten, floh er nach Memphis und später weiter nach Äthiopien.

NEFERTARI
Hauptfrau von **Ramses II.** (19. Dynastie). Für sie wurden einer der Tempel von Abu Simbel und ein Grabmal im Tal der Königinnen erbaut.

NITOKRIS
Königin von Ägypten (6. Dynastie), Tochter von **Pepi II.** Mit dem Tod ihres Vaters scheint die männliche Linie der Familie ausgestorben zu sein; deshalb regierte Nitokris allein von ca. 2152– 2150 v. Chr.

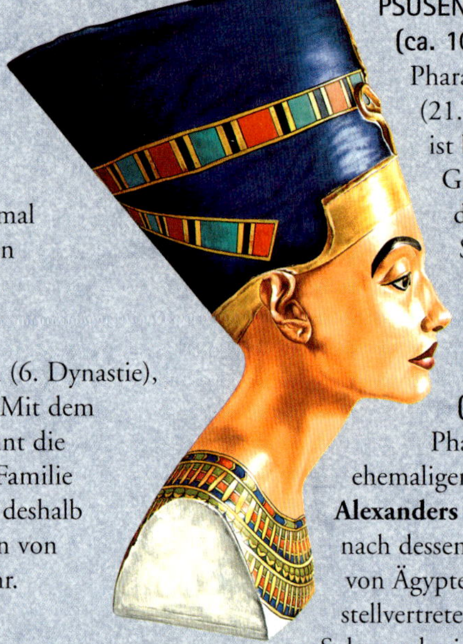
Nofretete

NITOKRIS oder NET-IKERTI
Gemahlin Gottes, Tochter von **Psammetich I.**, dem ersten Pharao der 26. Dynastie. Sie half Oberägypten dem übrigen Reich anzugliedern.

NOFRETETE
Königin von Ägypten (18. Dynastie), Gemahlin von **Echnaton** und Mutter von **Anchesenamun.**

PEPI II. (ca. 2246–2152 v. Chr.)
Pharao von Ägypten (6. Dynastie). Seine Macht währte 94 Jahre, die längste bekannte Herrschaft der Geschichte. Nach seinem Tod kam es zum Streit um seine Nachfolge. In Ägypten brachen Volksunruhen und Aufstände aus; das Alte Reich endete.

PIANCHI (ca. 728–716 v. Chr.)
König von Nubien und Ägypten. Er sah sich selbst als Hüter der ägyptischen Kultur und Religion in einer Zeit des Verfalls und der politischen Zerteilung. Er eroberte Ägypten im Jahre 728 v. Chr. und wurde der erste Pharao der 25. Dynastie. Er starb in Nubien und wurde unter einer Pyramide in El-Kurru beigesetzt.

PINUDJEM
Ägyptischer Hohepriester und oberster Befehlshaber der Armee. Nach dem Tode von Ramses XI. erkannte er die Herrschaft Smendes' zunächst an, rief sich später jedoch selbst zum Pharao aus. Smendes regierte von Tanis aus, während Pinudjem sich Theben als Hauptstadt auserkor.

PSUSENNES I. (ca. 1039–991 v. Chr.)
Pharao von Ägypten (21. Dynastie). Sein Name ist bekannt, weil sein Grabmal in Tanis, in dem ein silberner Sarkophag stand, ausgezeichnet erhalten war.

PTOLEMÄUS I. (305–284 v. Chr.)
Pharao von Ägypten. Als ehemaliger General in der Armee **Alexanders des Großen** wurde er nach dessen Tod zum Statthalter von Ägypten berufen. Er regierte stellvertretend für Alexanders Sohn und seinen geistig behinderten Bruder. Als beide ermordet wurden, wurde Ptolemäus Pharao und begründete die Ptolemäische Dynastie.

RAMOSE
Wesir (Minister) in Oberägypten während der Herrschaft von **Amenophis III.** und **Echnaton** und Mitglied der bekannten Familie des **Amenophis**, Sohn des Hapu.

RAMSES II. (ca. 1289–1224 v. Chr.)
Pharao von Ägypten (19. Dynastie), einer der bekanntesten Pharaonen der Geschichte Ägyptens. Ramses II. baute zahlreiche Tempel, Festungen und Monumente, u. a. den Felsentempel von Abu Simbel. In der Anfangszeit seiner Regierung war er in Kämpfe gegen die Hethiter verwickelt. Schließlich sorgte die gemeinsame Angst beider Völker vor den Assyrern dafür, dass man miteinander Frieden schloss.

RAMSES III. (ca. 1184–1153 v. Chr.)
Pharao von Ägypten (20. Dynastie), Sohn von Sethnacht, letzter großer König des Neuen Reichs. Er besiegte die Libyer, hielt einem Angriff der Seevölker stand und ließ in Medinat Habu eine riesige Grabtempel-Anlage bauen. Sein eigenes Grab befindet sich im Tal der Könige, seine Mumie ist im Staatsmuseum in Kairo ausgestellt.

RECHMIRE
Wesir (Minister) in Oberägypten während der Regierungszeit von **Thutmosis III.** In seinem Grab in Theben wurden wertvolle Wandgemälde mit Darstellungen des täglichen Lebens in Ägypten sowie Anweisungen des Pharaos zur Ausübung des Wesiramtes gefunden.

SANHERIB (ca. 704–681 v. Chr.)
König von Assyrien, Sohn von **Sargon II.** Unter seiner Herrschaft wurde Babylon von ständigen Aufständen erschüttert. Sie wurden von Merodach-Baladin angeführt und fanden erst ein Ende, als die Assyrer im Jahre 689 v. Chr. Babylon einnahmen. Die Könige von Sidon, Askalon und Judäa rebellierten, unterstützt vom ägyptischen Pharao. Als Sanherib die Rebellen besiegt hatte, marschierte er in Ägypten ein. Dort brach überraschend die Pest aus und die Assyrer zogen sich zurück. Sanherib wurde von einem seiner eigenen Söhne ermordet: Dieser zerschmetterte eine goldene Götterstatue auf seinem Kopf.

SCHESCHONK I. (ca. 945–924 v. Chr.)
Pharao von Ägypten, Begründer und erster König der 22. Dynastie. Unter seiner Herrschaft war die Ostgrenze des Reiches bedroht und er ergriff Verteidigungsmaßnahmen in Palästina gegen Israel und Judäa. Sein Grabmal steht in Tanis im Nildelta.

SCHESCHONK II. (ca. 890 v. Chr.)
Pharao von Ägypten (22. Dynastie). Er gilt als Mitregent in der Periode zwischen Osorkon I. und Takeloth I. Seine Mumie wurde in der Gruft des **Psusennes I.** gefunden.

SCHUPPILULIUMA (ca. 1380–1340 v. Chr.)
Der bekannteste unter den Königen der Hethiter. Er gilt als kluger und fähiger Herrscher und Diplomat und als erfolgreicher Feldherr. Unter ihm erlangte das Hethiterreich seine größte Ausdehnung. Etwa im Jahre 1370 v. Chr. eroberte er das Reich der Mitanni. Als **Tutanchamun** gestorben war, schrieb ihm dessen junge Witwe, **Anchesenamun**, einen Brief, in dem sie ihm anbot, einen seiner Söhne zu heiraten und so zum Pharao von Ägypten zu machen. Schuppiluliuma sandte einen seiner Söhne zu ihr, doch der Handel wurde entdeckt und der junge Hethiterprinz ermordet. Um den Tod seines Sohnes zu rächen, griff er Ägyptens nördliche Provinzen in Syrien an.

SESOSTRIS III. (ca. 1878–1841 v. Chr.)
Pharao von Ägypten (12. Dynastie). Er führte mehrere Verteidigungskriege gegen die Kuschiter, die die Grenzen von Nubien bedrohten (am zweiten Nilkatarakt). Er startete ein weit reichendes Wiederaufbauprogramm, bei dem die dortigen Festungen verstärkt und Kanäle durch den ersten Katarakt gegraben wurden, damit die Schiffe ungehindert passieren konnten. Unter seiner Herrschaft erreichte Ägypten seine weiteste südliche Ausdehnung.

SINUHE
Titelheld einer altägyptischen Erzählung, die in vielen Abschriften erhalten ist. Sinuhe ist Offizier der ägyptischen Armee (12. Dynastie). Während eines Angriffs gegen Libyen erfährt er, dass Pharao **Amenemhat I.** ermordet worden ist und dessen Sohn Sesostris der Thron vorenthalten werden soll. Aus unbekannten Gründen flieht Sinuhe in Panik nach Syrien, wo er viele Jahre lang bleibt. Nach vielen Abenteuern kehrte er schließlich in seine Heimat zurück.

SNOFRU (ca. 2575–2551 v. Chr.)
Pharao von Ägypten (3. Dynastie), Sohn von Huni und einer Nebenfrau. Nach dem plötzlichen Tod des eigentlichen Thronerben wurde er Pharao. Um seinen Thronanspruch zu festigen, heiratete er seine Halbschwester **Hetepheres**. Er war rücksichtslos und erfolgreich. Snofru schickte die Armee nach Nubien und ließ viele Nubier gefangen nehmen oder ermorden. Er ließ sich selbst zwei Pyramiden bauen: die Knickpyramide und die Rote Pyramide (die erste Pyramide mit glatten Seiten).

SOBEKNOFRU
(ca. 1787–1783 v. Chr.)
Königin von Ägypten (12. Dynastie). Als ihr Bruder Amenemhat IV. starb, gab es in der 12. Dynastie keine direkten männlichen Nachkommen mehr. Sobeknofru regierte Ägypten vier Jahre lang allein.

TAA II.
König von Theben (17. Dynastie), Sohn von Taa I. und **Tetischeri.** Während seiner Herrschaft schmiedeten die Thebaner ein Komplott, um die Hyksos aus Ägypten zu vertreiben, das sie von Auaris aus als 15. Dynastie regierten. Krieg brach aus und es gelang Taa II., die nördliche Grenze bis Assiut auszudehnen.

TAHARKA (ca. 690–664 v. Chr.)
Pharao von Ägypten (25. Dynastie: die nubischen Könige), Sohn von **Pianchi.** Unter Taharkas Regierung wurde Ägypten dreimal von den Assyrern angegriffen. Die zweite Invasion drang bis Memphis vor. Taharka floh nach Nubien. Nach seiner Rückkehr erfolgte die dritte Invasion der Assyrer, unterstützt von ägyptischen Prinzen wie **Necho von Sais.** Wieder floh Taharka nach Nubien. In Ägypten wurde eine neue Dynastie begründet.

TAUSRET (ca. 1194–1186 v. Chr.)
Königin von Ägypten (19. Dynastie), Tochter von **Merenptah,** Schwester und Gemahlin Sethos' II. Nach Merenptahs Tod bestieg Amenmesse den Thron, kurz danach übernahm Sethos II. die Herrschaft. Nach seinem Tod wurde Amenmesses' Sohn Pharao und Tausret heiratete ihn. Als er starb, regierte sie als Pharao bis zu ihrem eigenen Tod drei Jahre später das Land.

TEJE
Königin von Ägypten (18. Dynastie), Tochter zweier einflussreicher Hofbeamter: **Tuja** und **Yuja,** Gemahlin von **Amenophis III.,** der auch ihr Cousin gewesen sein dürfte, und Mutter von **Echnaton.**

TETI (ca. 2323–2291 v. Chr.)
Pharao von Ägypten, Begründer der 6. Dynastie. Ein Thronanspruch gründete sich auf seine Gemahlin, Königin Ipwet, Tochter von König Unas, des letzten Pharao der 5. Dynastie. Er ließ in Sakkara eine Pyramide bauen. Eines Tages wurde er von seinen Leibwächtern unter mysteriösen Umständen ermordet.

TETISCHERI
Königin von Theben (17. Dynastie), Gemahlin von Taa I. Sie war eine Frau von großem Einfluss; wahrscheinlich hat sie die Männer in ihrer Familie zum Aufstand gegen die Hyksos ermutigt. Diese wurden von ihrem Enkel **Ahmose** vertrieben, der ihr den ehemaligen Grundbesitz der Hyksos, eine Grabstätte in Theben und ein Monument in Abydos zum Geschenk machte.

Tuja

TIA
Ägyptische Prinzessin (19. Dynastie), älteste Tochter von Sethos I., Schwester von **Ramses II.** Sie heiratete einen hochrangigen Staatsbeamten, mit dem sie gemeinsam in Sakkara bestattet wurde. Die Eheschließung fand wahrscheinlich statt, bevor ihr Großvater, Ramses I., die 19. Dynastie begründete.

TUJA
Hohepriesterin des Gottes Min, Gemahlin des **Yuja** und Mutter von **Teje.**

TUTANCHAMUN
(ca. 1347–1337 v. Chr.)
Pharao von Ägypten (18. Dynastie), Sohn von **Echnaton.** Im Alter von nur neun Jahren bestieg er den Thron und heiratete seine Halbschwester **Anchesenamun.** General **Haremhab** und der Hofbeamte Aje wurden als Regenten eingesetzt. Tutanchamun ist sehr jung gestorben. Sein Name wurde berühmt, als in den 20er Jahren im Tal der Könige sein unversehrtes Grab entdeckt wurde, das unermessliche Schätze enthielt.

TUTHMOSIS III. (1490–1436 v. Chr.)
Pharao von Ägypten (18. Dynastie), Sohn von Thutmosis II. und Neffe von **Hatschepsut,** die den Thron eingenommen und ihn von der Thronfolge ausgeschlossen hatte. Zwanzig Jahre lang kämpfte er um seinen Titel als Pharao. Heute gilt er als der erfolgreichste Pharao des Neuen Reichs. Unter ihm erreichte Ägypten seine größte Ausdehnung.

YUJA
Einflussreicher Adliger am Hofe **Amenophis' III.,** Wesir des nördlichen Reichs und Hohepriester des Gottes Min. Außerdem unterstanden ihm die königlichen Reitställe. Er wurde mit seiner Gemahlin **Tuja** in einer herrlichen Gruft in Biban el-Moluk beigesetzt.

GÖTTER UND GÖTTINNEN

Die Ägypter beteten hunderte von Göttern und Göttinnen an. Es gibt so viele von ihnen, dass es oft schwierig ist, zu bestimmen, welche Gottheit wofür stand. Im Laufe der Jahrhunderte verschwanden einige der frühen Götter, manche verschmolzen miteinander in der Vorstellung der Menschen und andere wiederum teilten sich und bildeten neue Gottheiten.

Viele Götter und Göttinnen stellte man sich in Tiergestalt vor. Auf Gemälden sind sie daher oft als Tiere oder menschliche Wesen mit Tiermasken zu sehen. Große Gottheiten wie der Sonnengott wurden in ganz Ägypten verehrt, doch es gab auch kleinere Götter, die nur in bestimmten Städten oder Tempeln angebetet wurden.

AKER

Aker war der Zweilöwengott, der Wächter über Sonnenaufgang und Sonnenuntergang. Er wurde oft durch zwei Löwen dargestellt, Rücken an Rücken mit der Sonnenscheibe dazwischen, die ausgleichende Kraft zwischen dem östlichen und dem westlichen Horizont symbolisierend.

Amun

AMMIT

Ein weiblicher Dämon. Man kannte sie als alles verschlingendes Monster, das die Herzen aller Menschen fraß, die ein schlechtes Leben geführt hatten.

AMUN

Ursprünglich war Amun der Gott der Luft und des Windes. Später wurde er als Gott der Fruchtbarkeit und Schöpfer aller Dinge verehrt. Im Neuen Reich wurde Amun zum König aller Götter und Vater aller Pharaonen. Später identifizierte man ihn mit dem Sonnengott Re und nannte ihn Amun-Re.

Tempel: in Karnak
Tiere: die Gans, der Widder

Anubis

ANUBIS

Der Gott der Toten, der Magie und der Einbalsamierung. Er geleitete die Toten durch die Dunkelheit der Unterwelt. Er war der Sohn von Osiris und Nephthys.

Tier: der Schakal

ANUKIS

Die Göttin des ersten Nilkataraktes, Tochter von Chnum und Satis.

ATON

Dargestellt als strahlende Sonnenscheibe, war Aton der Herrscher über Himmel und Erde. Während der Regierung Echnatons wurde Aton zum wichtigsten aller Götter.

BASTET

Sie war die Göttin der Sonne und der Mütter. Als Tochter des Sonnengottes Re repräsentierte sie die lebensspendende Kraft der Sonne, die Krankheiten heilen und das Getreide wachsen lassen konnte.

Tempel: in Bubastis
Tier: die Katze

Bes

BES

Bes war ein Zwerg und der Hofnarr der Götter. Doch er war auch der Beschützer der Wohnungen der Menschen und ihrer Kinder.

CHNUM

Khnum war ein Töpfer, der auf seiner Tonscheibe Menschen aus Lehm erschuf. Die Menschen glaubten, er beherrsche die Quelle des Nil.

Tempel: in Elephantina
Tier: der Widder

CHONS

Chons war der Gott des Mondes und Sohn von Amun und Mut. Er wurde als Kind mit aus Vollmond und Mondsichel bestehendem Kopfschmuck dargestellt.

Tempel: in Karnak

GEB

Als Zwillingsbruder und Gemahl von Nut war er zugleich der Gott der Erde. Er war als große Klatschbase bekannt und wurde oft als schnatternde Gans dargestellt. Man sagte von ihm, er habe das Ei gelegt, aus dem die Sonne geschlüpft sei. Er ist der Vater von Osiris, Isis, Seth und Nephthys.

Hathor

HAPI

Der Gott des Nil war auch verantwortlich für Hochwasser und Niedrigwasser. Daher war er den Menschen im ganzen Land besonders wichtig – der Nil ist der einzige Wasserlauf Ägyptens. Vielen Menschen bedeutete er mehr als der Sonnengott.

HATHOR

Hathor, die Gemahlin von Horus, gehört zu den ältesten Gottheiten und wurde mit vielen anderen Göttinnen gleichgesetzt. Sie war die Göttin der Liebe, Schönheit und Freude, eine Mutter- und Todesgöttin.

Tempel: in Dendera
Tier: die Kuh

HORUS

Horus, dem Gott des Himmels, wurde nachgesagt, er habe den ägyptischen Thron von Osiris geerbt.

Tempel: in Edfu
Tier: der Falke

IHI

Ihi war der Gott der Musik und der Musiker. Seine Eltern waren Horus und Hathor.

ISIS

Isis war eine der ältesten und wichtigsten Gottheiten. Sie wurde als Muttergottheit und Göttin der Kunst verehrt. Die Tochter von Nut und Geb heiratete ihren Bruder Osiris.

Tempel: in Philäa

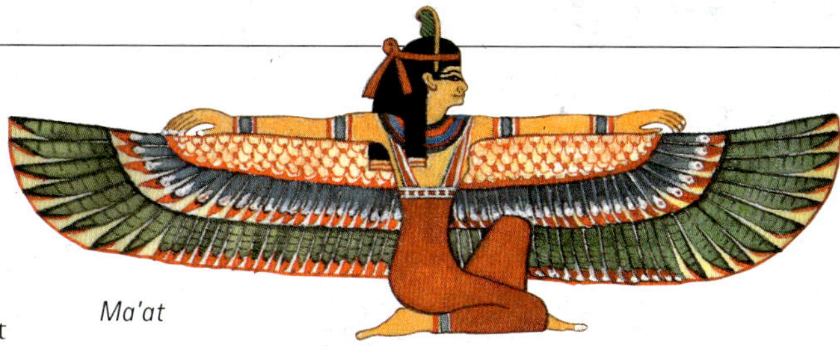

Ma'at

KHEPRI

Als Sonnengott, der eng mit dem Sonnenaufgang verbunden war, wurde er oft als Skarabäus dargestellt, der eine Mistkugel vor sich herrollt. Das war ein Sonnensymbol. Die Ägypter glaubten, Khepri würde tagsüber die Sonne am Himmel vor sich herschieben.

MA'AT

Ma'at war die Göttin der Wahrheit und Gerechtigkeit. In ihr spiegelte sich die Harmonie des Universums.

Symbol: die Feder

MIHOS

Mihos war der löwenköpfige Gott, Sohn der Bastet.

Mut

MIN

Min wurde vor allem von den Männern als Gott der Fruchtbarkeit und später als Regengott verehrt.

Tempel: in Koptos
Tier: der Bulle
Pflanze: der Salat

MUT

Mut war eine Muttergottheit und Gemahlin des Amun. Sie war die Königin aller Götter und die Mutter allen Lebens.

Tempel: in Karnak
Tier: die Löwin

NEFERTEM

Nefertem war der Gott der Öle und Düfte, Sohn von Ptah und Sachmet.

Blume: die heilige blaue Lotosblume

NEITH

Neith war die Göttin der Jagd, des Krieges und der Webkunst. In späterer Zeit wurde sie als Hüterin der Toten in der Unterwelt verehrt. Außerdem war sie die Wächterin der Roten Krone Unterägyptens und die Mutter der Sonne.

Tempel: in Sais
Symbol: Schild und Pfeile

NEPHTHYS

Nephthys war die Beschützerin der Toten. Sie war mit ihrem Bruder Seth, dem Gott der Wüsten, verheiratet.

NUT

Nut war die Göttin des Himmels, die Tochter von Schu und Gemahlin ihres Bruders Geb, dem Gott der Erde. Sie wird oft dargestellt, wie sie sich von einem Horizont zum anderen streckt und nur ihre Fingerspitzen und Zehen die Erde berühren. Oft sieht man ihren Gemahl Geb unter ihr liegen.

OSIRIS

Die Ägypter der Antike betrachteten Osiris als Herrscher von Ägypten. Er brachte Rebstöcke und Getreide ins Land und wurde zum wichtigsten Gott, zum Richter und Herrscher über die Toten. Als Sohn von Geb und Nut war er das Symbol des ewigen Lebens.

Tempel: in Abydos

PTAH

Ptah war der Beschützer von Memphis, der Förderer der Künstler, Bildhauer und Architekten. Als Erschaffer des Universums war er selbst ein Schöpfer und Architekt.

Tempel: in Memphis
Tier: der Stier des Apis

RE/RA

Re war die häufigste Darstellungsform des Sonnengottes, auch wenn es viele verschiedene Versionen davon gab. Re wurde jeden Tag neu geboren und begann seine Reise über den Himmel.

Tempel: in Heliopolis

RENENUTET

Renenutet, die Beschützerin der Kinder, war eine Göttin von großer Macht. Ihr Blick konnte jeden Feind vernichten, doch er ließ auch Getreide und Viehherden wachsen und gedeihen.

Tempel: in Medinet el-Faiyum
Tier: die Schlange

SACHMET

Sachmet vertrat die Mutterschaft und die brennende, zerstörerische Kraft der Sonne. Die starke Kriegsgöttin war die Tochter von Nut und Geb und Gemahlin von Ptah.

Tier: die Löwin

SATIS

Satis war die Schutzheilige der Jagd. Als Wächterin über die Südgrenze nach Nubien war sie beauftragt Ägyptens Feinde zu töten. Sie war mit Chnum verheiratet.

SCHU

Schu war der Gott der Atmosphäre und der trockenen Winde. Er war der Sohn von Re, Bruder und Gemahl Tefnuts und Vater von Geb und Nut.

Sobek

SETH

Seth war der Gott der Wüsten und der Sorgen, bekannt auch als Herr von Oberägypten. Der Sohn von Geb und Nut war Osiris' grausamer Bruder. Er tötete Osiris und nahm seinen Platz auf Ägyptens Thron ein. Spätere Dynastien verehrten Seth als Beschützer vor Wüstenstürmen. Er war mit seiner Schwester Nephthys verheiratet.

Tiere: der Esel, das Schwein und das Nilpferd

SOBEK

Sobek war der Gott des Wassers und wegen seiner Wildheit gefürchtet.

Tempel: Faiyum, Kom Ombo
Tier: das Krokodil

Taweret

TAWERET

Als Göttin der Geburt beschützte sie Schwangere und neugeborene Babys.

THOT

Thot war der Gott des Mondes und der Weisheit. Er war der Wesir und Schreiber aller Götter und hielt ihr Wissen schriftlich fest. Er war mit Ma'at verheiratet.

Tempel: in Hermopolis
Tier: der Pavian
Vogel: der Ibis

DIE GESCHICHTE DER ÄGYPTOLOGIE

Ägyptologie bezeichnet das Studium der Geschichte und Archäologie des alten Ägypten. Ägypten war das erste Land der Welt, in das die Menschen in Urlaub flogen. Seine Monumente waren Objekte der Bewunderung – und der Plünderung – fast von dem Tag an, als sie erbaut wurden. Viele Besatzer Ägyptens (Römer, Griechen und Araber) studierten die antiken Ruinen mit großem Interesse, doch das Land zog schon bald immer mehr Besucher aus dem ganzen Mittelmeerraum an. Erst gegen Ende des 19. Jahrhunderts wurden von europäischen Archäologen bei ihren Ausgrabungen erstmals wissenschaftliche Methoden angewandt. Damit war es plötzlich wesentlich einfacher, die altägyptische Kultur kennen zu lernen und zu verstehen. Nachfolgend einige Meilensteine in der Geschichte der Ägyptologie.

ca. 500 v. Chr. Der griechische Historiker Herodot besucht Ägypten und verfasst als erster Ausländer eine Niederschrift über Geschichte und Kultur des Landes. Er hält sich dabei an das, was die Menschen ihm erzählen – daher schreibt er mehr Legenden und Märchen als Tatsachen auf.

Herodot, der griechische Historiker, ist als „Vater der Geschichtsschreibung" bekannt.

ca. 290 v. Chr. Der ägyptische Priester Manetho schreibt für Pharao Ptolemäus II. die Geschichte Ägyptens nieder. Darin unterteilt er die Regierungszeiten des Landes in 30 Dynastien, ein System, das bis heute gilt.

ca. 59 v. Chr. Der griechische Schriftsteller Diodoros Siculus verfasst ein zwölfbändiges Geschichtslexikon. Der letzte Band handelt von der Geschichte, den Sitten und Gebräuchen in Ägypten.

25 v. Chr. Der römische Geograf Strabo besucht Ägypten. Anschließend schreibt er die 17-bändige *Geographica*, in der sich viele Informationen über ägyptische Denkmäler finden.

ca. 50 n. Chr. Als erster römischer Historiker beschreibt Plinius der Ältere den Großen Sphinx in Giseh. Er erstellt ein Verzeichnis ägyptischer Monumente, in dem auch diejenigen aufgelistet sind, die nach Rom verschifft werden.

378–388 n. Chr. Die Nonne Madame Ätheria aus Gallien (Frankreich) reist nach Ägypten und verfasst eine Schrift über die Monumente in Theben.

ca. 1200 n. Chr. Der arabische Arzt Abd' el-Latif aus Bagdad reist nach Giseh und besucht die Großen Pyramiden und den Sphinx. In seinem Bericht schreibt er, dass das Wort *Mumie* von dem persischen Wort *moumiya* stammt, das so viel wie Erd- oder Schiffspech bedeutet.

1646 John Greaves, Professor für Anatomie an der Oxford-Universität verfasst seine *Pyramidographia*. In diesem Buch versucht er Sinn und Zweck der Pyramiden herauszufinden, indem er die bekannten Fakten mit den Legenden vergleicht, die sich um sie ranken.

1657 Der französische Reisende Jean de Thevenot schreibt die Erlebnisse seiner Reise nach Ägypten in einem Buch nieder, der *Voyage au Levant* (Reise in die Levante).

1692 Benoît de Maillot, französischer Konsul in Ägypten, erkundet die Große Pyramide in Giseh und setzt sich für die Erforschung Ägyptens und seiner Denkmäler ein.

Der Sphinx und die Pyramiden von Giseh: ein Bild von David Roberts, einem schottischen Künstler, der 1838 nach Ägypten reiste. Seine Gemälde der berühmtesten ägyptischen Monumente trugen viel dazu bei, in Europa Interesse für dieses Land zu wecken.

Zwischen **1707** und **1726** macht der Jesuitenpater Claude Sicard eine Rundreise durch Ägypten. Er verfasst die bis dahin umfangreichste Dokumentation. Sein wichtigster Beitrag besteht jedoch darin, dass es ihm gelang, die Tempel in Luxor und Karnak der antiken Hauptstadt Theben zuzuordnen.

1755 Frederick Nordern, ein dänischer Ingenieur und Künstler, veröffentlicht ein Buch mit dem Titel *Voyage* (Reise). Es enthält eine detaillierte Beschreibung Ägyptens mit exakten Landkarten und Zeichnungen verschiedener Monumente.

1768 Der schottische Forscher James Bruce segelt den Nil aufwärts und entdeckt im Tal der Könige das Grabmal Ramses' III.

1798 Napoleon Bonaparte marschiert mit seiner Armee in Ägypten ein und besiegt die Ägypter in der Pyramidenschlacht. Doch sind auf seinen Schiffen auch Gelehrte an Bord, die Informationen über das antike Land sammeln sollen. Viele von ihnen bleiben drei Jahre und arbeiten in verschiedenen Teilen Ägyptens. Sie zeichnen Landkarten und schreiben nieder, was sie über Geschichte, antike Denkmäler, Sitten und Gebräuche des Volkes erfahren. Ihre Schriften machen später in Europa großen Eindruck und dienen als Grundlage für die moderne Ägyptologie.

1799 Französische Soldaten finden in Fort Raschid in der Nähe von Rosette in Ägypten eine Steintafel. Es ist der später berühmt gewordene Basaltstein mit identischen Texten in hieroglyphischer, demotischer und griechischer Schrift. Er gilt noch heute als Schlüssel, mit dem die ägyptischen Hieroglyphen entziffert werden können.

1815 Der englische Arzt Thomas Young veröffentlicht seine *Bemerkungen zum ägyptischen Papyrus und den Inschriften von Rosette.* Damit bringt er die Wissenschaft ihrem Ziel näher, das Geheimnis um die Hieroglyphen zu lüften.

1815 Der britische Generalkonsul in Ägypten, Henry Salt, trägt eine große Anzahl ägyptischer Kunstwerke für britische Museen zusammen. Er beauftragt den Italiener Giovanni Battista Belzoni ihm dabei zu helfen. Im Lauf der Zeit schickt dieser viele wertvolle Stücke nach England, die im Britischen Museum in London ausgestellt werden. Unter ihnen befindet sich auch die riesige Büste Ramses' II. aus Theben. Außerdem erforscht er die Tempelanlage von Abu Simbel, lässt mehrere Gräber im Tal der Könige und die Chephren-Pyramide in Giseh öffnen und entdeckt den antiken Hafen Berenike am Roten Meer.

1821 Der Engländer John Wilkinson reist mit dem Schiff für drei Jahre nach Ägypten. Er gilt als Begründer der Ägyptologie in Großbritannien. Er ließ in Theben viele Gräber freilegen und seine Kopien von Malereien und Inschriften gelten noch heute als die besten der Welt.

1824 Der französische Gelehrte Jean François Champollion veröffentlicht sein Werk *Précis du Système Hiéroglyphique* (Abriss des hieroglyphischen Systems) bei dem er auf das Werk von Thomas Young aufbaut. Damit gelingt es endlich, das Geheimnis der Hieroglyphen zu enträtseln.

Porträt des italienischen Schatzjägers Giovanni Battista Belzoni

1824 Der schottische Wissenschaftler Robert Hay fertigt Zeichnungen, Pläne und Kopien von Inschriften ägyptischer Monumente an.

1825 Der englische Arzt Augustus Granville führt erstmals an einer Mumie eine Autopsie durch, um neue Erkenntnisse über die Technik des Einbalsamierens zu erhalten. Es handelt sich um die Mumie des Ägypters Irtyersenu.

1834 Der italienische Abenteurer Giuseppe Ferlini findet im Grab der Königin Amanischaketo (1. Jh. v. Chr.) in Meroe eine reichhaltige Sammlung von Goldschmuck. Es handelt sich um den größten Goldschatz, der bis heute gefunden wurde.

1840er Jahre Der deutsche Wissenschaftler Karl Lepsius und sein Team von Zeichnern kopieren und archivieren unzählige Zeichnungen und Inschriften aus Tempeln und Gräbern im Tal der Könige.

Das Ägyptische Museum in Kairo, gegründet von Auguste Mariette, beherbergt die weltweit größte Sammlung ägyptischer Altertümer.

1850er Jahre Der schottische Wissenschaftler Henry Rhind entwickelt neue Methoden zur Freilegung von Gräbern, die in krassem Gegensatz zu der Grabräuberei stehen, die bis dahin betrieben wurde. Zwei Jahre lang beobachtet er Ausgrabungen in Theben und verzeichnet erstmals auf einer Karte die exakten Fundstellen.

1858 Der französische Archäologe Auguste Mariette wird zum ersten Direktor antiker Ausgrabungsstätten und des neuen Museums in Kairo, des ersten Nationalmuseums im Mittleren Osten, ernannt.
Von nun an werden Ausgrabungsobjekte nicht mehr an ausländische Museen verschickt, sondern bleiben in Ägypten. Heute kann man in Kairo die weltweit größte Sammlung ägyptischer Altertümer besichtigen.

1871 Eine Gruppe ägyptischer Schatzjäger entdeckt in Deir el-Bahari ein Grab mit 36 Mumien. Es stellt sich heraus, dass es sich bei den Toten um Mitglieder königlicher Familien des Neuen Reichs handelt.

1873 Amelia Edwards, eine englische Schriftstellerin, macht eine Reise auf dem gesamten schiffbaren Nil. Viele andere machen es ihr später nach.
Im Jahre **1882** wird sie Gründungsmitglied der ägyptischen Forschungs-Stiftung.

1884 Der englische Archäologe William Flinders Petrie beginnt mit Ausgrabungen für die ägyptische Forschungs-Stiftung. In den nächsten 40 Jahren macht er viele wichtige Entdeckungen. Doch seine größte Leistung besteht in der Anwendung wissenschaftlicher Methoden zur Registrierung und Archivierung archäologischer Funde. Er führt die Schichtenkunde (Lehre vom Verhältnis der Gesteinsformationen zueinander) und die datengenaue Registrierung ein. Zu seinen bekanntesten Ausgrabungen gehören Naukratis (griechische Stadt in Ägypten) und die Städte Kahun und Gurob, die ein genaues Bild des täglichen Lebens vermitteln. Außerdem studiert er die berühmten Amarna-Briefe, die auf einem Feld von einer Bäuerin gefunden worden waren und wichtige Informationen über Echnaton enthalten.

1893 Bei der Arbeit stoßen einige Bauern auf mehr als 300 Papyrus-Fragmente aus der Pyramide von Pharao Neferirkare (5. Dynastie) in Abusir.
Sie enthalten Informationen über die Beschäftigten in ägyptischen Tempeln, ihre Aufgaben und ihre Werkzeuge.

1898 Der französische Archäologe Victor Loret entdeckt in dem Grab Amenophis' II. im Tal der Könige weitere dreizehn königliche Mumien.

1898 Der englische Archäologe James Quibell findet in Hierakonpolis die Palette König Narmers – ein wichtiger Fund, der die Reichseinigung Ägyptens belegt.

1913–1914 Ein deutsches Forschungsteam unter der Leitung von Ludwig Borchardt entdeckt in Tell el-Amarna das Haus des Bildhauers Thutmosis und in ihm die bekannte Büste der Nofretete.

1917 Ein Archäologenteam aus Frankreich beginnt in Deir el-Medineh mit der Arbeit. Sie finden das Dorf, in dem die Handwerker der Pharaonen gelebt hatten.

1919–1920 Herbert Winlock legt in Theben das Grab von Meket-Ra frei. Es birgt Modelle von dessen Haus und Werkstätten, die Einblick in das tägliche Leben geben.

1922 Mit seinem Partner Lord Carnarvon entdeckt Howard Carter das Grab des Tutanchamun, das phantastische Schätze enthält.

1920er–1940er Jahre Der ägyptische Archäologe Sami Gabra entdeckt bei Tuna el-Gebel in Mittelägypten Menschen- und Tierfriedhöfe.

1930er Jahre Pierre Montet stößt in Tanis in Königsgräbern der weniger bekannten 21. und 22. Dynastie auf sensationelle Schätze.

1936–1956 William Emery legt in Sakkara Mastabagräber hoher Staatsbeamter der 1. und 2. Dynastie frei.

1954 In einer tiefen Senke südlich der Pyramiden von Giseh wird eine große, hervorragend erhaltene Barke der 4. Dynastie gefunden. Mehr als 4600 Jahre lang hatte sie dort gelegen.

1960er Jahre Der Assuan-Staudamm wird gebaut. Weil dadurch die Tempel von Abu Simbel überflutet würden, organisiert die UNESCO eine internationale Rettungsaktion. Sie werden ab- und an höherer Stelle wieder aufgebaut

ab 1966 Bei Ausgrabungen im Nildelta, geleitet von dem Österreicher Manfred Bietak, werden die Hauptstadt der Hyksos, Auaris, und die Stadt Per-Ramses, erbaut unter Ramses II., freigelegt.

ab 1975 Die Mitglieder des Echnaton-Tempelprojektes entdecken Steinblöcke, die von dem zerstörten Tempel des Echnaton in Amarna stammen. Stück für Stück werden sie wieder zusammengesetzt.

1978 Die Hierakonpolis-Expedition stößt auf die verkohlten Überreste einer Töpferei aus der Zeit um 3500 v. Chr. Im Jahr **1985** werden an der gleichen Stelle die Ruinen von Ägyptens ältestem bekannten Tempel gefunden.

1995 Der amerikanische Archäologe Kent Weeks entdeckt im Tal der Könige das riesige Familiengrab von Ramses II. Es besteht aus mindestens 118 Räumen, die nur mit Hilfe eines Sonarsystems gefunden werden konnten.

1996 Unterwasser-Archäologen unter der Leitung von Franck Goddio beginnen Relikte der Stadt Alexandria, die im Meer versunken ist, zu bergen. Auch nach Überresten aus den benachbarten und im Jahr 746 n. Chr. von einem Erdbeben zerstörten Städten Kanopos, Heraklion und Menuthis wird gesucht.

1999 In dem in der westlichen Wüste gelegenen El-Bawati werden mindestens 200 Mumien, teilweise mit Goldmasken, entdeckt. Sie stammen aus der frühen griechisch-römischen Ära. Man vermutet, dass auf dem Friedhof insgesamt mehr als 10 000 Mumien liegen. Damit ist er der größte, der bisher gefunden wurde.

1999 Am Rande des Nildeltas legt ein Team aus deutschen und ägyptischen Archäologen mehrere der ältesten Pferdeställe der Welt und zugleich die größten des antiken Mittleren Ostens frei. In jedem konnten bis zu 460 Pferde untergebracht werden. Sie gehörten dem Pharao Ramses II.

2000–2001 Wichtige Unterwasserfunde in Heraklion (in der Bucht von Abukir). Sie umfassen riesige Statuen, eine Stele mit einer Inschrift von Nektanebos I., einen ptolemäischen Reliquienschrein für Gott Amun und die Überreste von zehn altägyptischen Schiffen.

Nahe der von Alexander dem Großen gegründeten Stadt Alexandria bergen Taucher eine riesige Statue aus Granit, die vermutlich Pharao Ptolemäus II. darstellt.

ÄGYPTISCHE SAMMLUNGEN

Man muss nicht nach Ägypten reisen, um alte ägyptische Kunstwerke und Denkmäler zu sehen. In Museen überall auf der Welt findet man faszinierende Sammlungen altägyptischer Gemälde, Skulpturen, Möbel, Keramik, Schmuckwaren und anderer Kostbarkeiten.
Hier sind einige der größten Museen aufgeführt. Viele von ihnen haben auch eine Webseite, sodass man sich Teile der Sammlungen im Internet anschauen kann. Unter **www.usborne-quicklinks.com** und dem Stichwort **Ancient Egypt** erreicht man über die entsprechenden Links die Webseiten der Museen.

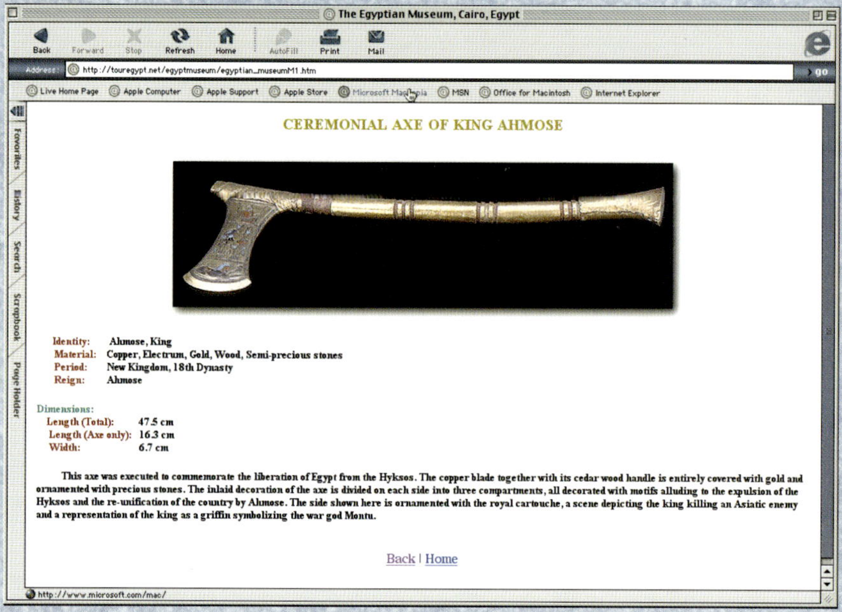

Auf der Internetseite des Ägyptischen Museums in Kairo ist einfach alles zu finden.

ÄGYPTEN
The Egyptian Museum
Midan el-Tahrir
Kairo

Gegründet 1858, war dieses Museum das erste Nationalmuseum im Mittleren Osten. Es beherbergt die weltweit größte Sammlung ägyptischer Altertümer.

AUSTRALIEN
Museum of Ancient Cultures
Macquarie University
Sydney
New South Wales 2109

BELGIEN
Musée Royal de Mariemont
Section Egypt et Proche Orient
Chaussée de Mariemont, 100
B-7410 Morlanwelz

Musées Royaux d'Art et d'Histoire
Collection Egyptienne
10, Parc du Cinquantenaire
B-1000 Bruxelles

Hier finden sich mehr als 11 000 Ausstellungsstücke aus allen Perioden des alten Ägypten.

DEUTSCHLAND
Ägyptisches Museum
Schillerstr. 6
04109 Leipzig

Ägyptisches Museum und Papyrussammlung
Bodenstr. 1–3
10178 Berlin

FRANKREICH
Musée du Louvre
F-75058 Paris Cedex 01

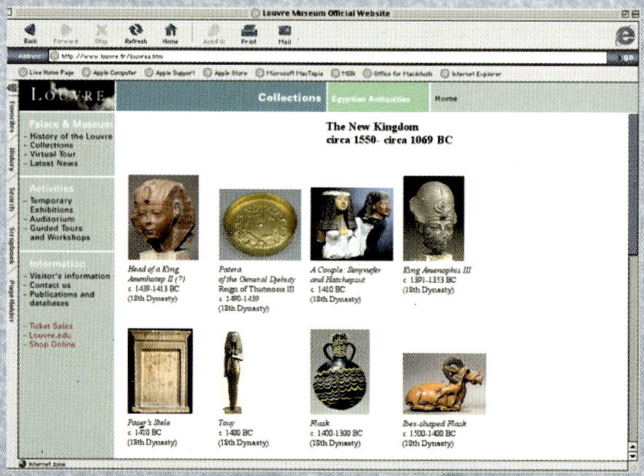

Die Webseite des Louvre in Paris hält die Fotos der berühmtesten Ausstellungsstücke bereit.

Das Ägyptische Museum im Louvre eröffnete 1827. Gegründet wurde es von Jean-François Champollion, dem die Sammlungen britischer und französischer Konsuln in Ägypten zur Verfügung standen. Eine der weltweit besten Sammlungen ägyptischer Altertümer.

GRIECHENLAND
National Archaeological Museum
Patission Street 44
GR-10682 Athen

Das größte archäologische Museum Griechenlands. Es wurde im Jahre 1889 fertig gestellt und beherbergt eine umfangreiche Sammlung altägyptischer Kunstwerke.

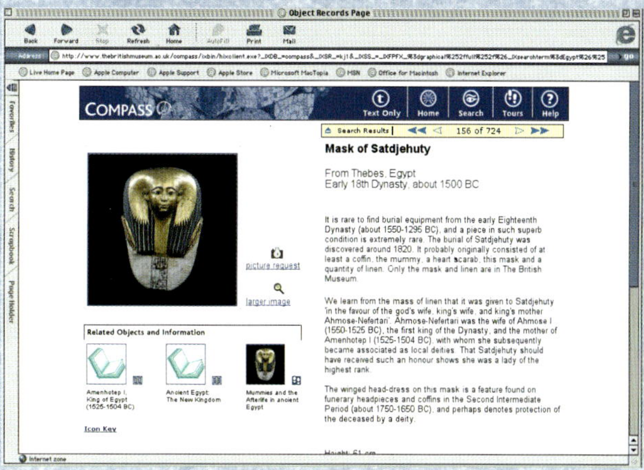

Das Britische Museum in London zeigt im Internet seine Sammlung ägyptischer Mumien und Sarkophage.

GROSSBRITANNIEN

Ashmolean Museum
Beaumont Street
Oxford OX1 2PH

Eine umfangreiche Sammlung altägyptischer Kunst, entstanden in der Zusammenarbeit mit bekannten Ägyptologen.

Hunterian Museum and Art Gallery
University of Glasgow
Glasgow G12 8QQ

Das Museum wurde 1807 eröffnet und ist Teil der Universität von Glasgow. Es ist das älteste Museum Schottlands und stellt ausgewählte ägyptische Kunstwerke aus.

British Museum
Great Russell Street
London WC1B 3DG

Das Britische Museum verfügt über eine der wichtigsten altägyptischen Sammlungen außerhalb Ägyptens. Hier findet man Exponate zu allen Perioden der ägyptischen Kultur. Besonders bekannt ist das Museum für seine Ausstellung von Mumien aus verschiedenen Dynastien.

Fitzwilliam Museum
Trumpington Street
Cambridge CB1 1RD

The Manchester Museum
University of Manchester
Oxford Road
Manchester M13 9PL

Hier befindet sich eine der schönsten Ausstellungen von Exponaten, die das tägliche Leben im Alten Ägypten bestimmt haben. Seit 1973 existiert ein Forschungsprojekt zum Thema „Mumien".

The Petrie Museum of Egyptian Archaeology
University College
Gower Street
London WC1E 6BT

Mit 80 000 Ausstellungsstücken ist dies eine der größten Sammlungen der Welt.

Wellcome Museum
Department of Classics and Ancient History
University of Wales Swansea
Singleton Park, Swansea SA2 8P

Hier befindet sich die größte Sammlung ägyptischer Antiquitäten in Wales, die von grundlegender Bedeutung für die Ägyptologie in Großbritannien ist.

IRLAND

National Museum of Ireland
Collins Barracks, Benburb Street, Dublin 7

ITALIEN

Archäologisches Museum
Via dell' Archiginnasio 2
I-Bologna

Museo Gregoriano Egiziano
Vatikan-Museum, I-Rom

KANADA

Royal Ontario Museum
100 Queen's Park
Toronto, Ontario M5S 2C6

NIEDERLANDE

Rijksmuseum van Oudheden
Rapenburg 28, P. O. Box 11114
NL-2301 EC Leiden

Das Museum wurde erst kürzlich restauriert und bietet eine ausgewählte Sammlung altägyptischer Kunst. Es finden regelmäßig Führungen statt.

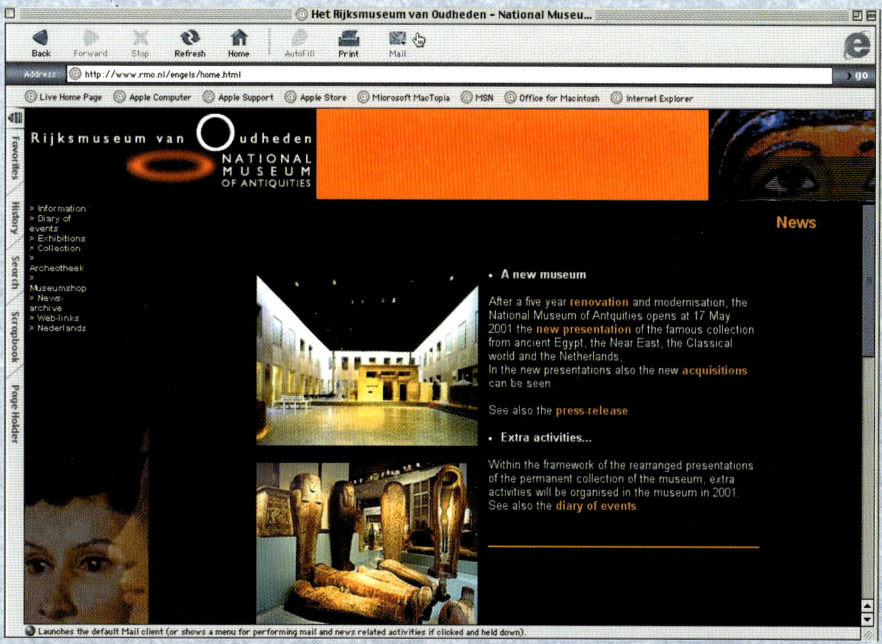

Website des Rijksmuseums in Amsterdam: 3-D-Darstellung eines ägyptischen Tempels

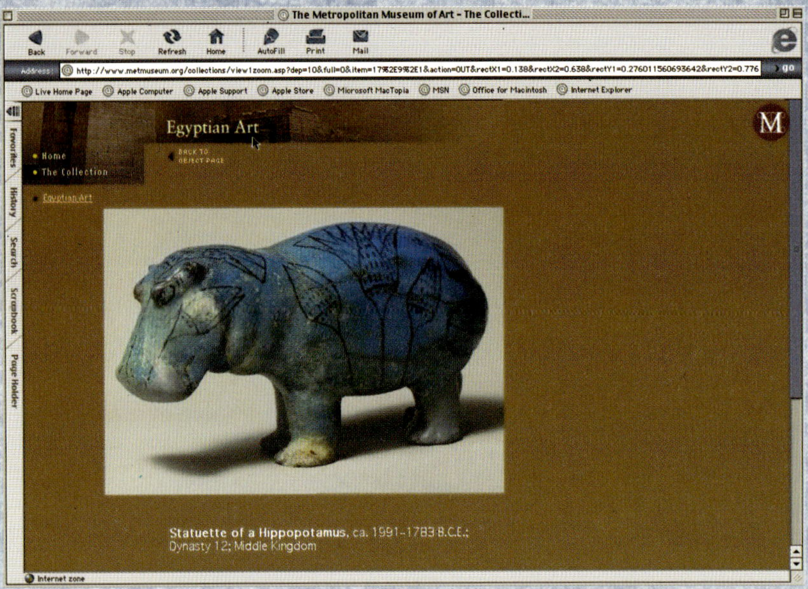

Dieses blaue Fayence-Nilpferd gehört zu den vielen Grabbeigaben des Mittleren Reichs, die auf der Website des Metropolitan Museum of Art in New York zu finden sind.

ÖSTERREICH

Kunsthistorisches Museum
Burgring 5
A-1010 Wien

Die Sammlungen „Ägypten und Naher Osten" des Museums sind mit die besten, die es gibt.

Papyrussammlung Österreichische Nationalbibliothek
Josefsplatz 1
A-1010 Wien

Eine der größten Bibliotheken Österreichs mit einer riesigen Auswahl an Manuskripten und Papyrusrollen.

PORTUGAL

Museu Gulbenkian
Av. de Berna 45 a
P-1067-001 Lissabon

Das Museum beherbergt die Sammlung des in der Türkei geborenen Industriellen Calouste Gulbenkian (1865–1955).

USA

Boston Museum of Fine Arts
465, Huntington Avenue
Boston
Massachusetts 02115-5523

Das zu den größten Museen der USA zählende Museum wurde 1872 eröffnet und hat sich u. a. auf altägyptische Kunst spezialisiert. Die meisten Ausstellungsstücke wurden bei Ausgrabungen zu Beginn des 20. Jahrhunderts gefunden.

Carnegie Museum of Natural History
4400 Forbes Avenue
Pittsburgh
Pennsylvania 15213

In der Walton-Halle kann man eindrucksvoll den Alltag im alten Ägypten erleben.

Cleveland Museum of Art
University Circle
11150 East Boulevard
Cleveland
Ohio 44106-1797

Auf der Website dieses Museums findet man eine spezielle Abenteuerseite für Kinder, das **Rosetta Stone Pharaoh Adventure**, mit Quizfragen, Malbuch und einer Pharaonenmaske zum Ausdrucken und Basteln.

Detroit Institute of Arts
5200 Woodward Avenue
Detroit
Michigan 48202

Das Museum besitzt Altertümer aus dem gesamten Mittelmeerraum.

Institute of Egyptian Art and Archaeology
3750 Norriswood Avenue
Memphis
Tennessee 38152

The Field Museum
1400 South Lake Shore Drive
Chicago
Illinois 60605-2496

Metropolitan Museum of Art
1000 Fifth Avenue
New York
New York 10028

Unter den Schätzen altägyptischer Kunst, die dieses Museum zu bieten hat, befindet sich auch eine Mastaba (Grabbau) aus der Zeit des Alten Reichs, Modelle von Sarkophagen aus der Zeit des Mittleren Reichs und eine Schmucksammlung, die einer Prinzessin aus der 12. Dynastie gehörte.

Michael C. Carlos Museum
Emory University
571 Kilgo Street
Atlanta
Georgia 30322

Außer einer Ausstellung über die Entwicklung der ägyptischen Kultur bietet die Neuägyptische Sammlung auch altafrikanische Stücke und eine nubische Galerie.

Oriental Institute Museum
1155 East 58th Street
Chicago
Illinois 60637

Seattle Art Museum
Downtown
100 University Street
Seattle
Washington 98101-2902

GLOSSAR

In diesem Glossar werden Fachbegriffe und ägyptische Wörter erklärt, die du in diesem Buch oder in anderen Büchern über das alte Ägypten findest. Begriffe in *Kursivschrift* verweisen auf ein entsprechendes Stichwort.

Ach Eines der drei geistig-seelischen Elemente des Menschen.

Alabaster Ein durchscheinender weißer Stein, der wie Marmor von winzigen Adern durchzogen ist. Er wurde für die Böden in den Tempeln und für Vasen und Lampen in reichen Häusern verwendet.

Amulett Eine kleine Figur, die einen Gott, eine Göttin oder einen anderen heiligen Gegenstand darstellt. Amulette waren Glücksbringer, wurden aber auch zum Schutz vor Unglück getragen. Eines des bekanntesten Amulette war der Skarabäus.

Anch Ein ägyptisches Amulett, das einem Kreuz ähnelt. Es war das Symbol des Lebens.

Apis-Stier Ein heiliger Stier, der als Verkörperung des Gotts Ptah galt und im Bereich von dessen Tempel in Memphis gehalten wurde. Starb ein Apis-Stier, herrschte Staatstrauer und eine landesweite Suche nach einem Nachfolger begann.

Aquädukt Über eine Brücke geführte antike Wasserleitung.

Araber Bewohner der Arabischen Halbinsel und all jene, die Arabisch als Muttersprache sprechen.

Arier Bezeichnung für die Völker des indoiranischen Zweiges der indogermanischen Sprachfamilie (Meder, Perser, Inder).

Assyrer Ein semitisches Volk, das in der Region um die Städte Ninive und Assur am Fluss Tigris beheimatet war. Die Assyrer errichteten im Mittleren Osten ein Großreich. Als sie während des Dritten Zwischenreichs in Ägypten einmarschierten, beendeten sie damit die dortige nubische Herrschaft.

Atef-Krone Eine hohe, mit Straußenfedern verzierte Krone, die vom Pharao zu religiösen Anlässen getragen wurde.

Aussegnungshalle Gebäude, in dem die Toten vor der Bestattung aufgebahrt werden. Die Aussegnungshallen der Pharaonen waren in den Pyramiden den Grabkammern angegliedert.

Ba Verkörpert die Lebenskraft und war eines der drei geistig-seelischen Elemente des Menschen. Ba lebte nach dem Tod eines Menschen so lange weiter, wie dessen Körper erhalten werden konnte.

Barke Ägyptisches Segelschiff.

Beduinen *Nomadenvolk*, das in den Wüsten von Nordafrika und Arabien lebt.

Chepresch Eine strahlend blaue Krone, die nur der Pharao selbst tragen durfte. Da sie mehr einem Helm als einer Krone glich, spiegelte sie auch die Funktion des Pharaos als Kriegsherr wider.

Demotische Schrift Eine während der ägyptischen Spätperiode entwickelte Kurzschrift.

Djedpfeiler Ägyptisches Symbol, das Kraft und Beständigkeit verkörperte.

Dynastie Herrscherreihe, die den Thron immer an einen Nachkommen vererbt. Meist erkennt man eine Dynastie am Familiennamen. Die ägyptischen Dynastien sind von 1 bis 31 durchnummeriert.

Elektron Natürliche Legierung (Mischung) von Gold und Silber.

Elle Ein ägyptisches Längenmaß, das auf der Länge des menschlichen Unterarmknochens basierte (vom Ellbogen bis zu den Fingerspitzen). Sieben Hände nebeneinander entsprachen einer Elle, die wiederum in Fingerlängen unterteilt war.

Exil Erzwungene Abwesenheit von der Heimat.

Fayence Töpferarbeiten, die mit hoch erhitztem, pulverisiertem Quarz glasiert wurden.

Feudalsteuer Die Steuer, die die Pharaonen den Ägyptern als Abgabe auferlegten. Sie wurde oft in Frondienste umgewandelt, bei denen die Menschen ihre Arbeitskraft kostenlos zur Verfügung stellten.

Gemahlin Gottes Die Hohepriesterin im Amun-Tempel in Karnak. In der Dritten Zwischenzeit war diese hohe Machtposition immer von einer Prinzessin besetzt.

Grabtuch Ein rechteckiges Stück Stoff, in das ein Leichnam gehüllt wird.

Harem So wurde der Bereich eines orientalischen (meist moslemischen) Hauses genannt, der allein den Frauen vorbehalten war (Ehefrauen und *Konkubinen*). In den altägyptischen Palästen lebten im Harem die Frauen der königlichen Familie.

Häretiker Ein Mensch, der einem religiösen Glauben anhängt, der in seinem Land geleugnet wird. Seine Glaubensrichtung wird als **häretisch** bezeichnet, er selbst macht sich der **Häresie** schuldig.

Hebräer Biblische Bezeichnung für die Angehörigen des Volkes Israel. Noch heute wird in Israel **Hebräisch** gesprochen.

Hethiter Indoeuropäisches Volk aus Anatolien (der heutigen Türkei), das im 2. Jahrtausend v. Chr. in Kleinasien und im Norden Syriens ein Großreich errichtet hatte.

Hieratische Schrift Eine ägyptische Gebrauchsschrift, die im Alten Reich entwickelt und hauptsächlich von Priestern verwendet wurde.

Hieroglyphen Altägyptische Schrift. Bilder und Zeichen repräsentieren Laute, reale Dinge und abstrakte Begriffe. Das Wort *Hieroglyphen* stammt aus dem Griechischen und bedeutet *heilige* *gemeißelte Schrift.* Hieroglyphen wurden für Inschriften auf Denkmälern oder den Wänden von Grabkammern verwendet. Die Ägypter selbst nannten sie *Worte Gottes.* Sie glaubten nämlich, Gott Thot habe den Menschen die Schrift geschenkt.

Hyksos Semitisches Volk, das während des Zweiten Zwischenreichs Ägypten eroberte.

Hypostyl Säulensaal eines ägyptischen Tempels, der dem einfachen Volk verschlossen war.

Indoeuropäische Sprachen Eine Gruppe von Sprachen. Dazu gehören: Iranisch, Armenisch, Sanskrit (die alte Schriftsprache Indiens) und die meisten modernen europäischen Sprachen. Als **Indoeuropäer** bezeichnet man die Volksstämme, die aus den Gebieten stammten, die sich von Südrussland bis nach Mitteleuropa erstrecken und die um 2000 v. Chr. in den Mittleren Osten auswanderten.

Israeliten Die *hebräischen* Einwohner des Königreiches Israel.

Juden Bezeichnung für die Angehörigen des Stammes Juda, später des Volkes Israel insgesamt.

Ka Doppelgänger des Menschen und eines seiner drei geistig-seelischen Elemente. Lebte nach dem Tod eines Menschen weiter, wenn er Nahrung erhielt (Opfergaben).

Karawane Langer Zug von Menschen, meist Kaufleuten, die aus Sicherheitsgründen gemeinsam durch die Wüstengebiete reisten, oft mit Kamelen als Lasttieren.

Katarakt Stromschnellen, die den Lauf eines Flusses hemmen und seine Schiffbarkeit behindern. Früher stellten Katarakte oft wichtige Landesgrenzen dar.

Konkubine In der Geschichte wird der Begriff Konkubine für eine Frau verwendet, die mit einem Mann zusammenlebt, mit dem sie nicht verheiratet ist. Im alten Ägypten war eine solche „wilde Ehe" jedoch offiziell anerkannt und die Konkubine mit besonderen Rechten ausgestattet.

Kult Die Anbetung eines Gottes oder einer Göttin. Der Kult beinhaltet auch bestimmte religiöse Rituale. Die meisten Gottheiten hatten eine Heimatstadt, in der ihr Haupttempel, der Kulttempel, stand. In ihm befand sich auch die Kultstatue, durch die der Gott oder die Göttin zu den Menschen sprechen konnte.

Kusch Königreich im Süden Nubiens in der Region um den dritten Nilkatarakt. Während des Neuen Reichs eroberten die Ägypter Nubien und setzten einen Vizekönig ein, der als „Königssohn von Kusch" das Land verwaltete.

Libyer Ein Volk, das westlich von Ägypten lebte und mehrmals versuchte in Ägypten einzudringen und sich dort niederzulassen. Gegen Ende des Neuen Reichs kamen libysche Siedler im Nildelta an die Macht und begründeten die 22. Dynastie.

Mastaba Alter Grab-Typ, in dem die ägyptischen Könige bestattet wurden, bevor es die Pyramiden gab.

Medjai Nubischer Volksstamm, dessen Angehörige sich in Ägypten als Söldner für die Armee anwerben ließen. Später bildeten die Medjai auch Polizeihilfstruppen, die für die Aufrechterhaltung der Ordnung sorgten.

Millennium Zeitspanne von eintausend Jahren. Das erste Jahrtausend v. Chr. bezeichnet die tausend Jahre, die mit der Geburt Christi endeten.

Mitgift Geld oder Besitz, den eine Frau bei der Hochzeit in die Ehe mit einbringt.

Mumie Der einbalsamierte Leichnam, der für die Bestattung vorbereitet war. Die Öle und Harze, mit denen die Leinenstreifen, die den Leichnam einhüllten, getränkt waren, wurden mit der Zeit dickflüssig wie Teer und konservierten den ausgetrockneten Körper.

Naos Schrein im Allerheiligsten eines Tempels, in dem sich die Statue oder ein Symbol des Tempelgottes befand.

Nekropolis Totenstadt. Ein anderer Name für Friedhof.

Nische Vertiefung in einer Wand, meist zum Aufstellen einer Statue genutzt.

Nomaden Menschen, die nicht dauerhaft an einem Platz leben, sondern von einem Ort zum anderen wandern.

Nomarch Griechische Bezeichnung für den Vorsteher eines ägyptischen Verwaltungsdistrikts.

Nubier Das Volk der Nubier lebte in dem Land südlich von Ägypten, dem heutigen Sudan. Während des Neuen Reichs eroberte Ägypten Nubien. Nubische Pharaonen regierten wiederum während der 25. Dynastie Ägypten.

Obelisk Vierkantige, nach oben spitz zulaufende Steinsäule, die zu Ehren des Sonnengottes errichtet wurde.

Oberherr Ein Herrscher, der Macht über andere, geringere Regenten hatte.

Omen Zeichen der Götter wie z. B. Sternschnuppen, die gute oder schlechte Vorboten sein konnten. Die Priester wurden zur Deutung von Omen besonders ausgebildet.

Opfer Eine Gabe früherer Kulturen an ihre Gottheiten. Meist waren das Früchte, Gemüse oder Blumen, doch es hat auch Menschen- und Tieropfer gegeben.

Orakel Die Botschaft eines Gottes oder einer Göttin. In Ägypten kommunizierten die Menschen mit ihrer Gottheit über deren Kultstatuen oder heilige Tierfiguren. Einzige Kontaktpersonen waren die Priester, die die göttlichen Botschaften überbrachten. Die einfachen Leute suchten bei den Göttern Abhilfe für ihre Probleme und Sorgen. Die Pharaonen beteten um göttliche Unterstützung für ihre politische Arbeit.

Ostrakon Eine Tonscherbe, auf die gezeichnet oder geschrieben wurde.

Papyrus Eine schilfartige Pflanze, aus der ein papierähnlicher Beschreibstoff hergestellt wurde. Das Mark der Pflanze wurde in Streifen geschnitten, in Schichten übereinander gelegt, geklopft, gepresst und getrocknet.

Pektoral Ein Brustschmuck, oft mit Juwelen besetzt, der an einer Kette um den Hals getragen wurde.

Phrygier Indoeuropäisches Volk aus Phrygien, einem Königreich im antiken Kleinasien.

Relief Darstellung, die in einen flachen Stein oder in eine Wand gemeißelt wurde. Man unterscheidet erhabene und versenkte Reliefs.

Römer Das Volk von Rom (gegründet im 8. Jahrhundert v. Chr.) schuf ein Weltreich in Europa und im Mittelmeerraum. Im Jahre 30 v. Chr. eroberten die Römer Ägypten. Das Römische Reich erreichte seine größte Ausdehnung im 1. Jahrhundert n. Chr., sein Niedergang begann im 4. Jahrhundert. Der große Einfluss, den die römische Kultur auf Europa hatte, ist noch heute erkennbar.

Sarkophag Ein mit Inschriften und Reliefs reich verzierter Sarg aus Stein.

Schreiber Hofbeamter, dessen Aufgabe es war, Texte niederzuschreiben oder zu kopieren und zu archivieren. In der Antike waren Schreiber hoch geachtete Personen, weil nur wenige Menschen lesen und schreiben konnten. Der Beruf eines Schreibers war sehr gut entlohnt und daher begehrt.

Schrein Behältnis im Allerheiligsten eines Tempels, das aus Holz, Stein oder Edelmetall gefertigt war und in dem das Kult-Bild eines Gottes oder einer Göttin aufbewahrt wurde. Auch die den Sarkophag umgebenden Holzkästen nennt man Schreine.

Sed-Fest Altägyptischer Feiertag, an dem der Pharao dem Volk mit einem rituellen Lauf beweisen musste, dass er im Vollbesitz seiner körperlichen Kraft war.

Seevölker Eine Gruppe von Völkern, die sich um 1190 v. Chr. im östlichen Mittelmeer zusammenschlossen. Sie versuchten Ägypten zu erobern und schlugen viele Schlachten zu Wasser und an Land, vor allem während der Regierungszeit von Ramses III. Ihm gelang es zwar, die Seevölker zu besiegen, doch Ägypten war durch die vielen Kriege geschwächt und verlor viel an Macht und Einfluss.

Seleukiden Eine Dynastie, gegründet von Seleukos I. Nikator, einem makedonischen General Alexanders des Großen. Im Jahre 304 v. Chr. rissen die Seleukiden einen großen Teil von Alexanders ehemaligem Reich an sich, konnten ihn jedoch nicht lange bewahren. Große Gebiete spalteten sich ab. Im Jahre 64 v. Chr. eroberten die **Römer** das Land, das darauf dem Römischen Reich angegliedert wurde.

Semiten Eine Reihe von Völkern, die die semitischen Sprachen sprechen. Ihr Siedlungsgebiet reichte von Westanatolien bis Persien und von Armenien bis zum Roten Meer.

Söldner Ein Soldat, der sich zum Dienst in der Armee eines anderen Landes verpflichtet hat und dafür bezahlt wird.

Sphinx Der Sphinx ist ein Fabelwesen mit dem Körper eines Löwen und dem Gesicht eines Königs oder Tieres (Falke, Widder). Er symbolisierte die Macht des Königs und war eine der Erscheinungsformen des Sonnengottes.

Stadtstaat Eine sich selbst und das umliegende Territorium regierende Stadt, die zugleich die Grundlage für einen unabhängigen Staat bildete.

Stele Eine Stein- oder Holztafel, meist mit eingemeißelten oder aufgemalten Texten und Bildern versehen. Auf Stelen wurden besondere Ereignisse verewigt. Außerdem dienten sie als Grabbeigaben, die die Lebensgeschichte des Verstorbenen dokumentierten.

Terrakotta Gebrannte Mischung aus Lehm und Sand, aus der kleine Statuen und Urkunden hergestellt wurden.

Tribut Eine Zahlung in Form von Geld oder Naturalien, die an einen übergeordneten Regenten zum Zeichen der Unterwerfung geleistet wurde. So leistet z. B. ein Vasall seinem *Oberherrn* einen Tribut.

Überschwemmung Einmal im Jahr trat der Nil weit über seine Ufer. Jedes Frühjahr sorgten Regen und Schnee aus den Bergen Äthiopiens dafür, dass der Nil Hochwasser führte, das im Juli Ägypten erreichte. Der Fluss überflutete die Ufer und ließ dort fruchtbaren Schlamm zurück. Die Ägypter entwickelten ein ausgeklügeltes Leitungssystem, um sich das Hochwasser zu Nutze zu machen. So gelang es ihnen, eine erfolgreiche Landwirtschaft zu betreiben, die zugleich die Grundlage ihrer Kultur bildete.

Udjat-Auge Das Auge des Gottes Horus, das als *Amulett* zur Heilung von Krankheiten gern getragen wurde.

Unterwelt Reich des Gottes Osiris, des Herrschers des Totenreiches, das auch das Westliche Königreich genannt wurde, weil die Menschen es irgendwo weit im Westen vermuteten.

Vasallenstaat Ein untergebenes Reich, das einem Herrscher oder Eroberer *Tribut* bezahlen muss.

Wepet-Renpet Das ägyptische Neujahrsfest (19. Juli). Es fiel auf den Zeitpunkt, an dem Sirius, der hellste Stern, am Firmament wieder sichtbar wurde und das Einsetzen der Nilschwemme bevorstand. Der erste ägyptische Kalender beruhte auf dem Lauf der Sterne, ein weiterer richtete sich nach dem Mond. Der erste Kalender, der das Jahr in 365 Tage einteilte, entstand in der Frühzeit des Alten Reichs, wahrscheinlich stammt er von Imhotep. Als Julius Cäsar nach Ägypten kam, war er von diesem Kalender so beeindruckt, dass er ihn für das Römische Reich übernahm. Dennoch galt der julianische Kalender (benannt nach Cäsar) bis ins 16. Jahrhundert.

Wesir Wichtigste Ratgeber des Pharaos. Es gab zwei Wesire. Der eine war für Oberägypten, der andere für Unterägypten verantwortlich.

Wunder Ereignis, das mit natürlichen Ursachen nicht zu erklären war und auf göttliche Einwirkung zurückgeführt wurde.

Zweiter Katarakt Grenze zwischen Ägypten und Nubien während des Mittleren Reichs und Standort gewaltiger Festungen.

INDEX

O

P

Q

R

S

T

U

V

Die Originalausgabe erschien 2001 unter dem Titel
„THE USBORNE INTERNET-LINKED ENCYCLOPEDIA OF ANCIENT EGYPT“

Grafische Leitung Linda Penny und Melissa Alaverdy
Redaktion Jane Chisholm
Fachberatung Dr. Anne Millard
Umschlaggestaltung Stephen Wright und Zöe Wray
Grafik Sarah Cronin und Andrea Slan
DTP-Koordination John Russell

In neuer Rechtschreibung

1. Auflage 2003

Aus dem Englischen
von Claudia Gliemann (S. 39–72)
und Bettina Saalbach (S. 1–38 und 73–128)

Einbandgestaltung: Frauke Schneider

ISBN 3-401-05521-6
Printed in Spain

DANKSAGUNG

Der Verlag hat sich bemüht alle Urheberrechte für Beiträge zu diesem Buch festzustellen und anzugeben. Sollte eine Quellenangabe fehlen, erklärt sich der Verlag zu einer offiziellen Entschuldigung und Richtigstellung in späteren Veröffentlichungen bereit. Der Verlag dankt den unten stehenden Personen und Organisationen, dass sie Bildmaterial zur Verfügung gestellt und zum Druck freigegeben haben (*t* = oben; *m* = Mitte; *b* = unten; *l* = links; *r* = rechts; *up* = ganze Seite).

Vorsatz ©Historical Picture Archive/CORBIS; **Titelseite** ©Neil Beer/CORBIS; **S. 2** Art Directors & TRIP/Helene Rogers; **S. 6** *(b)* ©Copyright The British Museum, *(tr)* ©Jim Zuckerman/CORBIS; **S. 7** *(bl, mt)* Photo Peter Clayton, *(br)* The Petrie Museum of Egyptian Archaeology, University College London; **S. 8** *(l)* Photo Scala, Florence, *(tr)* ©Werner Forman Archive: Egyptian Museum, Cairo, *(b)* Griffith Institute, Ashmolean Museum, Oxford; **S. 9** ©Gianni Dagli Orti/CORBIS; **S. 8–9** ©Robert Holmes/CORBIS; **S. 10** *(tl, tr)* ©Dave Bartruff/CORBIS, *(l)* Photo Peter Clayton, *(b)* Photo Scala, Florence; **S. 11** *(bl)* ©Ludovic Maisant/CORBIS, *(r)* ©Otto Lang/CORBIS; **S. 10–11** ©Historical Picture Archive/CORBIS; **S. 12** Popperfoto/Reuters; **S. 13** Popperfoto/Reuters; **S. 15** ©Archivo Iconografico, S. A. /CORBIS; **S. 16** Brooklyn Museum of Art, Museum Collection Fund 07 447 505; **S. 17** *(bl)* ©Werner Forman Archive: Egyptian Museum, Cairo, *(b)* Digital image ©1996 CORBIS: Original image courtey of NASA/CORBIS; **S. 18** *(tl)* ©Charles and Josette Lenars/CORBIS, *(t)* ©Copyright The British Museum, *(b)* ©Michael Nicholson/CORBIS; **S. 19** *(tl)* Photo Scala, Florence, *(m)* ©Roger Wood/CORBIS, *(r)* ©Charles and Josette Lenars/CORBIS; **S. 20** ©Gianni Dagli Orti/CORBIS; **S. 23** ©Archivo Iconografico, S A /CORBIS; **S. 22–23** *(b)* ©Michael Nicholson/CORBIS; **S. 24** Photo Scala, Florence; **S. 25** *(t)* ©Carmen Redondo/ CORBIS, *(m)* ©O Alamany & E. Vicens/CORBIS; **S. 26** *(tl)* ©Gianni Dagli Orti/CORBIS, *(l)* ©Richard T. Norwitz/CORBIS; **S. 27** ©Gianni Dagli Orti/CORBIS; **S. 28** *(bl)* ©Archivo Iconografico, S A /CORBIS, *(m)* ©Roger Wood/CORBIS; **S. 29** *(t)* Ashmolean Museum, University of Oxford, *(b)* ©Archivo Iconografico, S A /CORBIS, *(mr)* ©Gianni Dagli Orti/CORBIS; **S. 30** ©Gianni Dagli Orti/CORBIS; **S. 31** ©Gianni Dagli Orti/CORBIS; **S. 30–31** ©Charles and Josette Lenars/CORBIS; **S. 33** Photo Peter Clayton; **S. 34** *(tl, mr)* ©Roger Wood/CORBIS, *(bl)* Robert Partridge: The Ancient Egypt Picture Library; **S. 36** *(tl, bl)* ©Copyright The British Museum, *(ml)* ©North Carolina Museum of Art/CORBIS; **S. 37** *(t)* ©Araldo de Luca/CORBIS, *(b)* ©Adam Woolfitt/CORBIS, *(wp)* Digital Vision; **S. 38** *(b)* ©North Carolina Museum of Art/CORBIS, *(br)* ©Bettman/CORBIS; **S. 39** Photo Scala, Florence; **S. 40** ©Gianni Dagli Orti/CORBIS; **S. 42** *(tl, l)* ©Roger Wood/CORBIS, *(b)* ©Copyright The British Museum; **S. 44** Photo Scala, Florence; **S. 45** *(tr)* ©Dr. E. Strouhal, *(bl)* The Ancient Egypt Picture Library; **S. 46** The Art Archive/Egyptian Museum Cairo/Dagli Orti (A); **S. 47** ©Copyright The British Museum; **S. 48** Photo Scala, Florence; **S. 49** ©Copyright The British Museum; **S. 52** ©Gianni Dagli Orti/CORBIS; **S. 54** ©Christine Osborne/CORBIS; **S. 56** ©Yann Arthus-Bertrand/CORBIS; **S. 58** ©Copyright the British Museum; **S. 59** ©Copyright The British Museum; **S. 60** *(tl, b)* Vanni Archive/CORBIS, *(l)* Photo Scala, Florence, *(tr)* ©Copyright the British Museum; **S. 61** ©Copyright The British Museum; **S. 62** ©Bettman/CORBIS; **S. 63** *(l)* Ancient Art and Architecture, *(r)* ALEXANDER TSIARAS/SCIENCE PHOTO LIBRARY, *(br)* ©THE TRUSTEES OF THE NATIONAL MUSEUMS OF SCOTLAND; **S. 64** ©Gianni Dagli Orti/CORBIS; **S. 65** *(tl)* ©Burnstein Collection/CORBIS, *(m)* ©Copyright The British Museum, *(br)* ©Charles and Josette Lenars/CORBIS; **S. 66** ©Yann Arthus-Bertrand/CORBIS; **S. 68** ©Roger Wood/CORBIS; **S. 69** *(tl)* ©Werner Forman Archive/CORBIS, *(bl)* ©Gianni Dagli Orti/CORBIS, *(br)* ©Roger Wood/CORBIS; **S. 68–69** Powerstock Zefa; **S. 70** *(tl)* ©Roger Wood/CORBIS, *(m)* ©Eye Ubiquitous/CORBIS; **S. 71** *(tl)* ©Vanni Archive/CORBIS, *(br)* ©Roger Wood/CORBIS; **S. 72** *(t)* ©Robert Partridge: The Ancient Egypt Picture Library *(m)* ©Nik Wheeler/CORBIS, *(b)* ©Carmen Redondo/CORBIS; **S. 73** ©Gianni Dagli Orti/CORBIS; **S. 75** *(ml, b)* ©Copyright The British Museum, *(tr)* ©Gianni Dagli Orti/CORBIS; **S. 76** *(tl)* ©Burstein Collection/CORBIS, *(l)* ©Gianni Dagli Orti/CORBIS; **S. 77** *(br)* ©Gianni Dagli Orti/CORBIS, *(br)* Burstein Collection/CORBIS; **S. 78** ©Gianni Dagli Orti/CORBIS; *(tr)* ©Robert Partridge: The Ancient Egypt Picture Library; **S. 79** *(t)* The Art Archive/Egyptian Museum Cairo/Dagli Orti, *(ml)* ©Gianni Dagli Orti/CORBIS; **S. 78–79** Art Directors & TRIP/Bob Turner; **S. 80** *(tl, br)* ©Gianni Dagli Orti/CORBIS, *(ml)* Freundliche Reproduktionsgenehmigung durch: Fitzwilliam Museum, Cambridge; **S. 80–81** ©Copyright The British Museum; **S. 81** The Art Archive/Egyptian Museum Cairo/Dagli Orti; **S. 82** *(tl)* ©Michael T. Sedam/CORBIS, *(m)* ©Copyright The British Museum, *(b)* ©Gianni Dagli Orti/CORBIS; **S. 83** ©Gianni Dagli Orti/CORBIS; **S. 84** *(tl, tr)* ©Gianni Dagli Orti/CORBIS, *(b)* Roger Wood/CORBIS; **S. 85** ©Copyright The British Museum; **S. 86** *(m, wp)* ©Copyright The British Museum, *(b)* ©Wolfgang Kaehler/CORBIS; **S. 87** *(b)* ©Werner Forman Archive/ CORBIS, *(tr, wp)* ©Copyright The British Museum; **S. 88** *(tl, l)* ©Eye Ubiquitous/CORBIS, *(m)* ©CORBIS, *(b)* ©Gianni Dagli Orti/CORBIS; **S. 88–89** ©Copyright the British Museum; **S. 89** ©Gianni Dagli Orti/CORBIS; **S. 90** *(bl & bm)* ©Copyright The British Museum, *(br)* ©Gianni Dagli Orti/CORBIS; **S. 91** ©Copyright the British Museum; **S. 94** ©Copyright The British Museum; **S. 95** *(t)* ©Eric Crichton/CORBIS, *(m)* ©Michelle Garrett/CORBIS, *(bl)* Howard Allman, *(tr, br)* ©Copyright The British Museum; **S. 94–95** ©Peter Johnson/CORBIS; **S. 96** *(tl, bl)* ©Gianni Dagli Orti/CORBIS, *(ml)* ©Copyright The British Museum, *(br)* ©Papilio/CORBIS; **S. 97** ©Ludovic Maisant/CORBIS; **S. 102–105** ©Gian Berto Vanni/CORBIS; **S. 107** ©Roger Wood/CORBIS; **S. 109** ©Gianni Dagli Orti/CORBIS; **S. 112–113** ©Historical Picture Archive/CORBIS; **S. 113** ©Gianni Dagli Orti/CORBIS; **S. 114** ©Neil Beer/CORBIS; **S. 114–115** Popperfoto/Reuters; **S. 116** *(t)* Mit Dank an: Egyptian Museum Cairo, *(b)* Louvre screenshot ©RMN/Musée du Louvre; **S. 117** *(t)* British Museum screenshot ©Copyright The British Museum, *(b)* Eden Design & Communication ©2001 Rijksmuseum, Amsterdam; **S. 118** *(t)* Mit Dank an: Metropolitan Museum Web site, *(b)* Museum of Fine Arts screenshot ©Museum of Fine Arts, Boston

Erstveröffentlichung 2001 durch Usborne Publishing Ltd., Usborne House, 83–85 Saffron Hill, London EC1N 8RT, England.